DONALD R. KEOUGH

THE TEN COMMANDMENTS FOR BUSINESS FAILURE

管理十诫

影响你一生的管理哲学

[美] 唐纳德·基奥◎著
蒋旭峰 璩静◎译

中信出版集团·北京

图书在版编目（CIP）数据

管理十诫：影响你一生的管理哲学 /（美）唐纳德·基奥著；
蒋旭峰，璩静译. -- 3 版. -- 北京：中信出版社，2017.11（2024 .12重印）
书名原文：The Ten Commandments for Business Failure
ISBN 978-7-5086-7268-7

I. ①管…　II. ①唐…②蒋…③璩…　III. ①企业管理
IV. ①F272

中国版本图书馆CIP数据核字（2017）第 221916 号

管理十诫——影响你一生的管理哲学

著　　者：[美] 唐纳德·基奥
译　　者：蒋旭峰　璩　静
出版发行：中信出版集团股份有限公司
（北京市朝阳区东三环北路 27 号嘉铭中心　邮编　100020）
承 印 者：北京通州皇家印刷厂

开　　本：880mm × 1230mm　1/32　　印　　张：7　　字　　数：110 千字
版　　次：2017 年 11 月第 3 版　　印　　次：2024 年12月第29次印刷
京权图字：01-2008-4845
书　　号：ISBN 978-7-5086-7268-7
定　　价：39.00 元

对我而言，尽管一辈子都在商海沉浮，我还是没办法把成功的真谛用条条框框的几句话来说清楚，更何况我们所讨论的话题还是瞬息万变的商场。我能做的，就是和每个人谈谈我的失败经历。我倒是敢保证，如果你们都重蹈我的覆辙，那么你们也一定会跌得很惨。

——唐纳德·基奥

谨以此书献给全世界过去、现在和未来无
数为了可口可乐大家庭的荣耀而奋斗的人

目 录

序　言

“交友须胜己”已成为我笃信的处世真理。毫无疑问，这样做能让自己百尺竿头，更进一步。在婚姻世界里，我找到了这样的一个如意伴侣，而认识唐纳德·基奥，也让我受益匪浅。

当我和唐纳德·基奥待在一起的时候，我感觉自己总能有收获。他能够积极地看待我和我的潜力，让我扩大眼界，也让我对自己和周围的世界更有信心。如果唐纳德·基奥在你身边的话，你一定能从他身上得到启迪。他是一个无与伦比的商界领袖。优秀高管最值得骄傲的成就，是达到无为而治的境界，唐纳德·基奥就是这样一个能从世界各地争取到各种人才来帮助他成功的领导。我亲眼见过他麾下的多位帅才。

也许，这是因为在对人性的了解上，鲜有人能出其右。他给我的孩子们提的建议比我说的话更让他们受用，所以我的孩子们都特别喜欢他。他对所有朋友都能做到这样，而你要知道，他的朋友可是相当多的。

我组织了一个以我恩师本杰明·格雷厄姆的名字命名的精英会，我们这些人每隔两年左右会见一次面，包括唐纳德·基奥在内的我的很多密友都会参加。大家都想要让唐纳德·基奥来做主旨发言人，尤其是比尔·盖茨。比尔·盖茨最喜欢听唐纳德·基奥讲演了，因为他的发言不仅立意独到，而且总能给人带来灵感。唐纳德·基奥的发言总是那么精彩，让你觉得每次和他一起旅行都很美妙。

他也担任着我所在的伯克希尔·哈撒韦公司的董事，因为我觉得他是少数几个值得我完全信赖的人之一。

我们的相识可以追溯到50年前，当时我们是住在内布拉斯加州奥马哈镇法纳姆大街上的邻居。当年，我们都是为了养家糊口而打拼的人。如果那时我就告诉别人，我们两个人里一个会成为可口可乐公司的总裁，另一个会成为伯克希尔·哈撒韦公司董事长的话，我估计他们肯定会说，希望你们的父母足够富有，好支持你们。

有一年，我敲开唐纳德·基奥的家门，想让他给我的公司投资一万美元，他直言不讳地回绝了我。当时，我颇感心灰意冷。

我们两家人的关系处得很好，孩子们也经常串门。当他们不得不搬家去休斯敦的时候，孩子们在分别时依依不舍，搬家的当天还一路流泪。

有时候，想想人世间的这些事，你会觉得真有意思。唐纳德·基奥和我从前的家相距不到 100 米，我现在的商业伙伴查理·芒格和我也是从小一起长大的。唐纳德·基奥后来去了休斯敦和亚特兰大工作，查理·芒格待在洛杉矶。后来我们又和很多奥马哈的老相识再度聚首，大家不仅是好朋友，也是亲密无间的商业伙伴。现在，自然有人会说，这些都是奥马哈来的大老板。

离开奥马哈之后，我和唐纳德·基奥依然保持着联系。我和他在“苜蓿草俱乐部”见过面，有一次还在白宫碰面。1984 年，他在报纸上读到一篇称赞百事可乐的文章：“如果在百事可乐里加点儿樱桃汁，那味道就更好了。”结果，第二天他就给我送来了可口可乐的新产品——樱桃口味可乐，并请我试尝一下这种“琼浆玉液”。我喝过这种可乐之后，告诉他：“别谈什么试尝了，我对可乐研究也不多，但我觉得它的味道更好。”

我这个百事可乐的多年拥趸马上就另结新欢了，并宣布樱桃口味的可口可乐将成为伯克希尔·哈撒韦公司的指定软饮料。

几年后，我开始买进可口可乐公司的股票，不过当时我并没有告诉唐纳德·基奥，因为我觉得他可能会告诉公司的律师，律师可能就会预测到事情今后的走向。我不想让朋友陷入一种尴尬的境地。结果，他打电话来问我："现在有人在大量吃进我们公司的股票，该不会是你吧？"这次，我告诉他："正是我。"当时，我已经通过在二级市场增持股票，握有了可口可乐公司7.7%的股份。

当决定买入可口可乐公司的股票时，我是当机立断的，尤其在知道唐纳德·基奥担任着这家公司的总裁的情况下，我就更没有半点儿犹豫了。1988年，我就认为可口可乐公司有明确的定位和正确的发展战略，最后我的投资果然让我获益颇丰。

如果你想知道谁最能代表可口可乐公司的形象，那么这个人肯定就是唐纳德·基奥。他过去是，现在依然是可口可乐的最佳代言人。他就像社会活动家本杰明·富兰克林一样，信奉"努力照顾生意，日后自然不愁衣食"。他不懈地努力就是为了确保可口可乐公司这艘航母能在正确的航道上行驶，而他也相信自己有掌舵的能力。

唐纳德·基奥最强的能力，在于他总能迅速看穿事情的本质，说话做事能够直切主题。把复杂的问题简单化，是他的处事原则，也是我的处事原则。

投资银行家赫伯特·艾伦曾经说过，他的朋友中，如果竟选美国总统，能成功当选的只有两位，一位是杰克·韦尔奇，另一位就是唐纳德·基奥。我对这一论断完全赞同，他俩天生就有这种超凡的才干，从他俩身上你能学到很多东西。

虽然和唐纳德·基奥相识多年，但是每次见到他，我都会有一种如沐春风的感觉，就像当年我第一次喝到樱桃口味可乐时的感觉一样。他从来都不会自鸣得意。我在可口可乐公司的董事会上见到了他的身影，现在又在伯克希尔·哈撒韦公司的董事会上听到了他的声音。他还是一如既往地活力充沛、干劲十足，他总是有源源不断的新规划、精力和主意，也激励着其他人去追寻自己的梦想。我很高兴这本书能够让很多人一同分享唐纳德·基奥的远见卓识。

沃伦·巴菲特

引　言

20 多年前，时任可口可乐公司总裁的我受邀给迈阿密的一个客户大会做主题演讲，这次会议的主题是“成为强者”。主办方问我能否给听众讲讲如何成为商界成功人士。简而言之，他们是想让我说说成功的秘诀。

这次邀请让我受宠若惊。当时没有多少商界经验，仍煞有介事地向读者和听众推荐所谓“成功真经”的作家和演讲者并不在少数。这些人中有橄榄球教练、退休的首席执行官、心理医生、教师、传教士、预言家，世界各地的出版物和讲台上都充斥着这些成功人士的说教。这些说教尽管有些可取之处，但是大多数都可概括为“努力打拼”“听从母亲的教诲”之类的陈词滥调。对我而言，尽管一辈子都在商海沉浮，我还是没法把成功的真谛用几句话说清楚，更何况我们讨论的话题还是瞬息万变的商界。

我们不妨来看看“领导力”这个问题，多年来对它的研究已经数不胜数，却并不能完全让人信服。有一位终生都在研究领导力的社会学教授说，在研究了将近2 000个完成他的课程的学生之后，他得出了一个无奈的结论：判断一个人是否具有领导潜质的唯一办法就是看这个人身后有没有追随者。

因此，让我就成功的方法发表演讲，我的第一反应是这超出了自己的能力范围。我能做的，就是和每个人谈谈我的失败经历。我倒是敢保证，如果你们都重蹈我的覆辙，那么你们也一定会跌得很惨。

因此，我发表了一场题为“基奥管理十诫”的演讲，后来又往这个演讲中扩充内容，成了现在你看到的这本书。本书融会了我60多年来在商界摸爬滚打的经验。我的第一份工作是1949年在内布拉斯加州奥马哈的Wow-TV电视台任职，当时这家电视台代表的是一种新兴媒体。

“二战”中我在海军服役，退役后得益于《退伍军人权利法案》，进入克雷顿大学念书，也在那时和电视有了第一次接触。尽管脑子里有着也许应该去法学院的模糊想法，但我还是在人文学院的哲学系拿了个学位。不过，在接下来的几年中，我却连一条招聘哲学系毕业生的广告都没见着。我喜欢研究关于人以及人在宇宙中定位的思辨，也喜欢阅读讨论善恶、人生阴影和现实方面的文章。尽管一些工商管理学硕士对这种象牙塔学问不屑一顾，但是人类的大部分历史都可以归结于先哲们的思想碰撞。

大学期间，因为对人文学科感兴趣，我加入了辩论社，经常进行即兴演讲，后来还参加一些戏剧表演。社团的那些人“发现”了我的表演天赋，就让我去主持克雷顿大学医学院的一期闭路电视直播节目。这期节目的内容是给一只生病的动物做手术，并通过闭路电视系统在大礼堂的屏幕上播放。但是，节目没播多久就中断了，因为手术刚开始，这只动物就断气了，我也只能暂时闲着了，直到过了很久有人送来了另一只生病的动物。谢天谢地，好在这只是闭路电视，大礼堂里估计也只有几个观众。但说实话，我觉得这也让我成了电视界的“先驱”之一。尽管对传播学着迷过一阵，我却选修了一些法律课，学得还很投入。不过，最后我还是回归了传播学的怀抱。

我得到了媒体奖学金，以及一个去Wow-TV电视台实习的机会。机缘巧合，我竟然成了当时一场橄榄球赛直播的实况解说员，这是全美橄榄球联盟（NFL）的一场赛季前职业比赛，对阵的双方是洛杉矶山羊队和纽约巨人队。传统的广播节目解说员看了一眼新媒体设备，然后就继续按照分配好的任务侃侃而谈了，其间还对每一位听众表示，电视转播体育赛事是永远不会成功的。

洛杉矶山羊队和纽约巨人队这场比赛的解说并不是我的得意之作。这个橄榄球场由一个棒球场扩建而成，解说间位于本垒后方的高台上，当我端坐在麦克风前时，发现自己位于球场一端的最尽头。体育馆的照明设备很差，我只能看清半块场地，而负责帮我确认场上球员的解说助理来的时候已经喝得醉醺醺了。我的解说含糊不清，还出现了口误："球到了一英尺线上。"①

这次的解说成了Wow-TV电视台当年晚些时候实况转播内布拉斯加州大学校队主场比赛的序曲。大学橄榄球联赛是全州人最狂热追捧的赛事。当时，整个内布拉斯加州有电视机的家庭不过几百户而已，但是电视台管理层的工作热情丝毫没有受到影响，他们很有前瞻性地预见并坚信，这种新媒体的影响力必定会超越之前所有的传统媒体。他们的预见也应验了。

尽管我解说洛杉矶山羊队和纽约巨人队的比赛出师不利，但电视台还是让我继续解说内布拉斯加州大学校队当年的全部比赛。比赛开始前，我还得费九牛二虎之力帮着把设备抬到小小的转播室里，但是这种努力工作是值得的，我得到了每周55美元的宝贵工资。为了赚到这份工资，我每天还需要主持一档名为《基奥咖啡时光》的脱口秀节目。紧跟着该节目后面的那档节目

① 美式橄榄球的球场长为120码，每隔5码有一条标线，并没有一英尺线，因此解说为口误。——译者注

更有意思，主持人约翰尼·卡森也更有专业水准，他是电视界冉冉升起的一颗新星，我们两人也成了终生好友。

尽管做解说工作非常有意思，但是脱口秀节目的赞助商帕克斯顿和加拉格尔奶油咖啡店给我开出了 75 美元的周薪，把我挖了过去。该公司是一个地区食品批发商，总部在奥马哈。这个新工作能让我拿更高的工资，在外出差的时间也减少了，而且有了更多的时间能待在家里陪太太米琪。就这样，我在 20 世纪 50 年代后期跨入了商界，从此就再也没有回过头。

1958 年，吉尔伯特和克拉克·斯旺森在把经营红火的斯旺森食品公司卖给了金宝汤公司之后，立刻就从加拉格尔家族手中买下了帕克斯顿和加拉格尔奶油咖啡店。他们把公司重新命名为“巴特纳特食品公司”并开始大规模扩张。就这样，我的商界人生掀开了新的一页。20 世纪 50 年代，斯旺森兄弟借用新出现的冷冻技术，用一种特别简单的产品就赚得盆满钵盈，那就是电视晚餐，这种产品完美地将顾客看电视和简单吃顿饭的需求结合在了一起。

克拉克·斯旺森去世之后，巴特纳特食品公司就被出售了，我也在另外一家更大的公司——得克萨斯州休斯敦的邓肯食品公司找到了一份新工作。公司的老板是查尔斯·邓肯，他日后成了可口可乐公司的总裁，后来还先后出任卡特政府的国防部副部长和能源部部长。

后来，邓肯食品公司被可口可乐公司收购。为可口可乐这个全球最知名品牌效力了31年后，我在1981年接替查尔斯·邓肯担任公司总裁。我职场生涯的大部分时光都是在可口可乐公司度过的，因此在本书中你会发现我引用的很多例子都和这家全球知名公司有关。

当然，采用可口可乐公司作为写作的例子也是很合理的，因为这家跨国企业的多元化特征非常显著，旗下的部门也非常多。公司的业务从生产、运输、零售、街头售货机到大型零售店无所不包，公司要和200多个国家里不同种族、宗教和文化背景的人接触。因为担任可口可乐公司的总裁，我有机会和总统、独裁者、行业领袖、诗人、画家和电影明星见面。更重要的是，我能够和可口可乐公司的灌装合作伙伴、零售食品商店顾客以及全球各地的消费者进行沟通。公司的消费者遍布全球，从北极圈附近到南美洲南端的火地岛，从中国内地到非洲撒哈拉沙漠，到处都可以见到可口可乐的踪影。尽管世界上没有任何一个公司能够和所有人都打交道，但是可口可乐公司和客户的接触面绝对算得上是全球最广的。

在本书中，我会列举出包括我在内的各个公司高管所犯的种种错误。我很愿意指出很多错误的影响都是短暂的，如果处置得当的话很快就能够纠正，之后公司不仅能够存活下来，而且会基业长青。2008 年，可口可乐公司的发展翻开了新的篇章，公司在首席执行官内维尔 · 艾斯戴尔和他的继任者穆塔 · 肯特的领导下阔步向前。穆塔 · 肯特是一位才华出众的领袖，他很尊重可口可乐公司的文化和员工。

在本书的开篇，我想很有必要解释清楚我和郭思达共同领导可口可乐公司 12 年的情况。我们两人是好友，都在可口可乐公司工作了多年。1981 年 3 月，他被任命为公司的董事长兼首席执行官，而我成了总裁兼首席运营官。

我们就像奋斗在同一条战壕里的战友一样，关系紧密，而且在前进道路上有共同的目标。郭思达让我担任首席运营官，并赋予我公司董事的职权，让我给这个分部遍及全球 200 多个国家的公司注入活力。他很信任我，大胆放权给我，不过他自己依然担任着公司的首席执行官一职。他实际上是我的老板，也是美国商界历史上最富才干的领袖之一。1981 年，可口可乐公司的市值只有区区 40 亿美元，而在 1997 年郭思达去世时，公司的市值已经飙升至 1 450 亿美元。

十多年前从可口可乐公司退休之后，我还一直活跃在商界，担任着投资银行艾伦公司的董事长。以上这些是我的工作背景，我从自己的一生中总结出管理十诫。我可以保证的是，如果你误入歧途，犯了十诫中的某一条或几条，那你肯定会跌得很惨，或者你至少会走下坡路。你要相信我，在我们身旁失败者根本不在少数。根据美国破产法庭的统计，在 2007 年前三个季度中，共有 20 152 家美国公司倒闭。

有很多号称经管专家的人宣称能够解释这一切。他们从电脑中翻出一大堆制作精良的幻灯片，口若悬河地从战略的高度来给失败做出各种解读……糟糕的客户服务、低估的竞争对手、供应链脱节、不成功的收购或是负债过高。有人还用一个文绉绉的词语来把这些因素合称为“集体失灵”，即“公司没有能够创新，公司忽视了创立者的传统，公司做错了这点，公司没有做到那点”。

但是，公司只不过是构建在人的基础之上的组织而已。公司并不会做错什么，真正没能把事做好的只不过是人罢了。如果多审视一下从前的商业史，你就会发现，尽管失败的表现形式各异，但种种失败的诱因并非所谓的战略失误。正如莎士比亚说的那样，造成各种失败的人正是我们自己。公司只不过是领导者个性的外化体现，领导者有多魁梧，他们投射在公司上的影子就有多长。公司的领导者就是商界大舞台上的主角，如果他们不小心犯错的话，他们就会把公司带入歧途，公司这列火车也就注定要开往滑铁卢了。

尽管书中列出的管理十诫对于公司在任何一个发展阶段都适用，但它们对那些已经到达一定成功高度的公司和商界领袖会更加适用。你会发现，你的成就越大，十诫对你的帮助也就越大。不管你公司的规模有多大，如果它的销售和盈利正迅猛增长，而你又是这家公司的掌舵人，那么你就要小心了，我在十诫中提出的某些陷阱可能正埋伏在你的周围。

十诫所提及的失败并非要指责特定的任何人，尽管在书中我举出了一些事例。十诫也算不上是管理思想的巨大革新，它们都是人所共知的常理罢了。

你不妨告诉我一个失败的商业案例，哪怕它是建立在最时髦的维基经济学基础上，我敢保证这家公司的领导者肯定违背了十诫中的一条，甚至更多条。如果误入歧途而又没有及时纠正的话，公司就会走向更远的歧途。

因此，你不妨把这本小书当作警钟。如果你发现自己是十诫中某一条或几条的信奉者的话，那么你可要当心了。因为你正走向失败的边缘，还会赔上你的公司。

第一诫

不愿冒任何风险

过于谨慎之人将一事无成。

——**弗里德里希·冯·席勒**

在有案可稽的人类历史上，大多数人都是属于风险规避型的。猎人和以采集野果为生者可以浪迹天涯，但是当农业文明出现后，大多数人都选择了定居的生活方式。人们选择了父辈和祖辈的生活方式，一辈子都不曾走出村口半步。这种选择也是明智的，因为外面的世界很危险。你不妨看看古代的航海图，上面很多地方都标为“未知海域”，有些还带有更让人担惊受怕的警告——“此处有蛟龙出没”。古今中外，又有几个人愿意冒着巨大的风险驾船进入这些危险海域呢？

敢于披荆斩棘者自然会有，但是大多数人都选择了待在家中过安稳的日子。如果你去冒险，就有可能发生很多意想不到的事情，而大多数时候你都会遭遇不测。

即便是在今天，在撒哈拉沙漠地区、中东和东南亚的部分地区，墨守成规的心态依旧十分盛行，人们喜欢说："我们过去怎么办，现在就怎么办吧，因为这是规矩。"这种故步自封的轮回几代人都没有打破，这些家庭和部落往往都是生活最为贫困的民众。

美国人的心态却刚好完全相反，从建国开始，这个国家就以甘冒风险著称。从哥伦布到詹姆斯敦，从第二届大陆会议到托马斯·杰斐逊气宇轩昂的《独立宣言》，美利坚民族就是建立在一次又一次的冒险之上的。美国人是一些百折不挠的冒险者的后代，我们的祖先甘冒重重风险，甚至赌上身家性命，最终战胜了难于上青天的各种艰险磨难。赫克托·圣约翰·德克雷夫科尔在1782年就预言："在这方土地上，各个种族融合成为一个新的民族，他们的辛勤劳作和子孙后代终有一天会给这个世界带来巨变……美利坚民族是一个崭新的民族。"

我的曾祖父迈克尔·基奥就在1848年离开爱尔兰，只身冒险穿越了时称"泪海"的大西洋，来到了美洲大陆。当时，海轮上的条件如同炼狱一般，乘客严重超载，蟑螂老鼠成灾，四周污秽不堪，而且各种传染病蔓延，凶悍的船长根本不把旅客当回事。一路上，很多尸体被抛入大海，或是一靠岸就被丢弃在岛上。在加拿大格罗斯岛，成千上万的爱尔兰移民都被葬在没有墓碑的坟地里。登陆美洲的人中比这些移民境遇更惨的估计也只有非洲黑奴了。

那些经历了千辛万苦才来到美洲的移民发现，等待他们的并不是原来想象的沃土，而是起早贪黑的辛苦劳作。我的曾祖父唯一能找到的工作就是在美国马萨诸塞州的皮茨菲尔德的采石场里搬石头，每天要挥汗如雨地干 16 个小时，其艰辛程度比囚犯好不到哪里去。曾祖父就这么拼死拼活地干，好不容易才能填饱肚子，找到一个睡觉的窝。因为很快就结婚生子，所以曾祖父想要继续留在皮茨菲尔德的可能性是很大的。

当你获得一些成就之后，即便是很小的成就，你都不愿去冒险打破现状，这种心态也是人之常情。

人人都会想，我都已经有了这些收获，干吗还要去冒险呢？谁知道山那边的老虎是不是更凶呢？还是别去为宜。

我相信曾祖父头脑中也闪现过这样的犹豫彷徨，也肯定从皮茨菲尔德的朋友那里听到过这样的劝阻。

“留下来吧。你怎么说也算有份工作，搬石头也是个体面的工作呀，还有成千上万的人什么都没有呢！”

尽管待在皮茨菲尔德的曾祖父需要汗流浃背地干着枯燥乏味

的体力活，但他毕竟能拥有一个自己熟悉的环境。可是曾祖父还是毅然决然地踏上了冒险之旅。他带着全家乘坐一辆牛车，向西横跨了大半个美国，来到了中西部的艾奥瓦平原。我很高兴他踏出了这样一步。

我的祖父约翰继续扩大曾祖父开辟的农场，年复一年，面朝黄土背朝天地辛勤劳作，播种的庄稼会遭遇暴风雨、沙尘暴和蝗虫的威胁。记得家里人和我说，当时的农场附近树林很少，祖父只得每周都骑马去 20 英里[①]外的岩石河旁砍柴，这些柴火是家里唯一的热源。有一天他挥着斧头砍柴的时候不小心砍到了脚趾，祖父忍着剧痛把脚趾用粗麻布绑上，若无其事地继续埋头干活。

脚趾、脚和我祖父最后都安然无恙，别忘了当时还没消炎药呢。

因此，美国人都有着独特的基因。大多数人的祖辈都是超越同伴最早踏上这块大陆的勇士，很多同时代的人甚至都没有机会来到这块大陆看上一眼。在跨越了大西洋、太平洋、高山峻岭和沙漠荒原之后，我们的祖辈又得年复一年地在农场上劳作，修建铁路，在危险、肮脏的矿井或是工厂里工作，他们当年筚路蓝缕

① 1 英里≈ 1.61 公里（千米）。——编者注

的艰辛今天甚至都很难想象。有数据为证，在 20 世纪初，美国普通家庭在葬礼上的平均花费是药品花费的两倍。尽管如此，他们还是顽强地坚持下来了。

我们的先辈克服了这么多艰难险阻，因此在办公室里待上一天都像在公园散步一样惬意。

但是，随着我们的生活变得越来越滋润、富足和舒适，放弃冒险的诱惑也变得越来越大了。

这是一种典型的成功病。人是很容易自满的，尤其是上了岁数以后。我指的上了岁数并不是 60 岁，40 岁的人也会得这种病。你可能会对自己说："我操劳了一辈子……担惊受怕，寝食不安，现在，就让别人去操心吧，我对现状满意就好了。"

有些人甚至认为，一些创业的企业家为了生产一种新产品或是创立一个新行业，把自己的房子都拿去抵押贷款的做法是最不可接受的风险。80% 的新公司都以失败告终。大多数新产品在试销阶段就不幸夭折，即便它们进入市场，在 13 种新产品中也只有一种能够存活下去。全美独立经营研究基金会预测，在创业 5 年之后，有一半的公司已经倒闭，剩下的很多公司也是负债累累。创业绝非易事啊！

如果让你在已经功成名就的情况下去冒险，而且有大量证据表明这种冒险并非迫不得已，其难度绝对不亚于，甚至要超过让白手起家者这么做。现在，有很多人花了大量的时间和精力，从各种角度进行风险评估，包括研究造成损失的可能性大小以及公司治理法规中的冲突之处。我并不是一个风险评估方面的专家。不过，经验告诉我，一个人想要去冒新的或是更大的风险以探寻新的可能性，其前提就在于他内心有一种要把事情做得更好的不满足感，或是有一种除非马上采取措施，否则未来可能会遭遇到风险的预感，甚或是有一种更强烈的痛失机遇的感觉。当可口可乐公司的一切都运转正常时，我就经常感到浑身不自在。正如俄罗斯人常说的那样："如果一切都太顺利的话，可不是什么好事。"

我经常会不定期地在公司里面走走，和公司的高管说："你们倒是跟我说说，为什么一切都顺风顺水呢？我们今天难道就不能把该担忧的都担忧了吗？这样的话，我们明天就可以去担忧别的事了。"我知道自己的这种态度肯定惹恼过很多人。

世界属于那些不知满足的人。

——奥斯卡·王尔德

罗伯特·伍德拉夫创立了现代意义上的可口可乐公司，他很喜欢引用奥斯卡·王尔德的名言："世界属于那些不知满足的人。"

可口可乐公司创立于 1886 年。1930 年，尽管公司已经取得了多年的辉煌业绩，罗伯特 · 伍德拉夫还是不满足。他想要整合当时公司刚刚起步的海外业务，谋求在国际市场上更大的发展空间。你能想象到，公司的董事会觉得这种尝试有些过于急躁冒进了。美国股市在 1929 年刚刚经历了惨痛的熊市，德国、意大利和日本正亮起法西斯屠刀。当时唯一可靠的就是极度的不可靠性。

那么罗伯特 · 伍德拉夫又做了什么呢？他的表现会让今天我们所有人都大吃一惊。在美国证券交易委员会还没有建立的当年，他绕开了董事会，在纽约设立了可口可乐出口公司。如果罗伯特 · 伍德拉夫当年没有迈出这么一大步的话，我真的很难想象今天公司会是怎样一番景象，至少它肯定没能在全球 200 多个国家都开展业务。

直到 1973 年，可口可乐出口公司都保持着相对独立的状态。出口公司创立之后的 43 年来，可口可乐公司的高管很少和国外分部的高管进行沟通。罗伯特 · 伍德拉夫会给他选中的人一张机票和一些钱，在他们找到何时该在某国开展业务的方法之前，他是不会再见他们的。当时各国之间的通信缓慢且不稳定，经营国际业务靠的就是信任。这种做法在公司中成了一种惯例，也形成了公司新型的国际业务管理文化。

我还记得 1964 年自己和罗伯特 · 伍德拉夫选中的代表在日

本开展业务的情形。公司总部差人送来的备忘录和指令他扫上一眼，就会扔进废纸篓，他知道公司最高层信任并支持他，对他而言这就足够了。

在 20 世纪 30 年代，罗伯特 · 伍德拉夫还冒了另一个险，这一着棋甚至比公司的国际化战略还要重要。

1933 年，大萧条的危机让经济陷入泥沼，公司纷纷倒闭，股市低迷不振，美国 1/4 的劳动人口处于失业状态，大多数专家都认为美国经济复兴的希望很渺茫。尽管前景黯淡，罗伯特 · 伍德拉夫还是把公司的广告费用提高到 430 万美元，这在当时可是创下了前所未有的纪录。

作为可口可乐公司的一员，我们很高兴罗伯特 · 伍德拉夫有这样的大手笔。他聘请著名漫画家海顿 · 桑德洛姆创作了红脸蛋、略显肥胖的圣诞老人拿着一瓶可口可乐痛饮的形象，这一形象在每年圣诞季的广告中都会出现。在此之前，圣诞老人的形象都显得刻板严肃，好像你是最乖的孩子他就会给你家送一堆煤一样。因为罗伯特 · 伍德拉夫花了几百万美元的冒险之举，我们现在拥有了一个更慈祥、更和善、更可爱的圣诞老人形象，可口可乐公司的销售额也直线飙升。

历史上，数不胜数的成功公司在关键时刻没有迈出坚决的一步，它们也为此付出了代价。有些公司跌倒后又振作起来，但是很多公司跌倒后就再也没能站起来。在 20 世纪 80 年代，就有 230 家公司的名字从《财富》世界 500 强的榜单中消失了。实际上，经过大浪淘沙，20 世纪初最大的 100 家公司中，目前存活下来的只有 16 家了。谁又数得清该有多少资本家的墓碑上应当刻上“这里长眠着一位不愿冒风险而让公司倒闭的老板”的铭文呢？

在商界历史上，人们讨论最多的一个案例就是施乐公司，它最初因为敢冒风险而赢得了市场，后来又因为害怕风险而身陷泥沼。施乐公司的历史见证了荣辱更迭。

施乐公司成立于 1906 年，其前身名叫哈洛德公司，它位于纽约州罗切斯特市，在创立的最初 41 年间主要业务是生产照相纸。1947 年，公司放手一搏，抓住了一个同行都没有留意到的商机。来自纽约市皇后区名不见经传的切斯特 · 卡尔森发明了影印技术，他花了多年时间想找到一家愿意投资这项新技术的公司。人们跟他说“有复写纸就足够了”，包括 IBM（国际商用机器公司）和通用电气公司在内的 20 多家公司都让他吃了闭门羹。卡尔森形容他们对这项新发明的态度是“表面热情，其实不感兴趣”。

卡尔森最终与位于俄亥俄州哥伦布市的巴特尔纪念研究院签约，研究院帮他进一步完善工艺。哈洛德公司在研究院发现了新工艺，并开始研发生产采用卡尔森影印技术的复印机。俄亥俄州立大学的一位教授把这种新技术命名为“影印”（Xerography），它来自希腊文，意为“干燥”加“书写”。

当我第一次接触到改名后的哈洛德–施乐公司时，公司的规模不大，乏善可陈，也没有什么可以引以为傲的资本。公司在罗切斯特市的办公室里铺着普通的橡胶地板，摆放着一些金属桌，旁边都是戴着护套、表情诚恳的工程师。不过，办公室能让你感受到一种斗志昂扬的气氛，也能让你体验到员工执着奉献的精神。

1958 年，在采纳了卡尔森的点子 10 年之后，一台米黄色的金属机器下了生产线。这是世界上第一台自动复印机，当施乐公司于 1959 年正式在市场上推出施乐 914 型复印机时，倏然间，原来的手写复印纸在全美的办公室里就成为明日黄花了。与此同时，施乐品牌代表的“复印机”一词也诞生了，让施乐公司的法律顾问感到头疼的是，“复印”一词成了全球最新流行词汇。

施乐 914 型复印机成了有史以来最成功的工业产品之一，1959—1976 年，施乐公司一共售出了 20 多万台 914 型复印机。1976 年，施乐 914 型复印机停产了。如今，施乐 914 型复印机成了美国历史上光辉的一页，该复印机在史密森尼研究院中还有珍藏。

仅仅依靠一项技术创新，在10年间，公司就获得了高达10亿美元的收入。但它的竞争对手后来居上，原因很简单，就是施乐对于自己产品的创新意识不够。

施乐公司后来把总部搬出了罗切斯特，搬到了景色更加迷人的康涅狄格州西南部的斯坦福德市。原先的橡胶地板变成了厚厚的地毯，金属桌子也换成了更为考究的实木家具。但是，总部大多数员工都非原先的创业者，而是一些守业人，他们因为卖出了很多复印机而变得富有，在他们眼中，未来要做的也就是卖出更多复印机而已。

1970年，施乐公司在加利福尼亚州的帕洛阿尔托设立了一家研究机构。1973年，这家机构研制出了电脑雏形——“阿图”。这是人类历史上第一台“个人电脑”，设有图形显示的操作桌面，屏幕上可以打开多个“页面”，还有一个叫鼠标的小玩意儿。

在当时，施乐公司比自己的竞争对手最少要领先5年。但是，公司总部头脑僵化的那些人都无动于衷，没人愿意去冒风险。我也说过，这是一种常见的成功病，另外两种常见的成功病是自满和傲慢。施乐公司帕洛阿尔托研究机构的工程师最后只得良禽择木而栖，和苹果公司以及微软公司签约。他们抱怨根本得不到斯坦福德总部铺着厚地毯的办公室里高管的任何注意。

到20世纪90年代末，施乐公司失去了在复印机市场上的龙头地位，公司出现了亏损并开始大规模裁员。2002 年，美国证券交易委员会指控施乐公司违规操作，几名高管因为涉嫌股票欺诈而遭到指控。尽管如此，施乐公司并没有倒下，它在新管理层的领导下开始了创新之路。

我们看到了一家让人引以为傲的公司，其创业的基石就是技术创新，但因为公司的一种产品大获成功它就裹足不前，甚至都不愿去冒风险进行这种产品所在行业内的创新，更别提在其他领域进行锐意创新了。他们忽略了一个简单的事实，那就是如果要实现长久盈利，那么在短期内务必要进行创新。

当然，前进的路上我们难免遭遇困难。著名传记作家沃尔特·艾萨克森在《爱因斯坦：生活和宇宙》一书中讲述了爱因斯坦对他在普林斯顿大学办公室陈设的要求：要有一张办公桌、一把椅子、几支铅笔、一叠纸，还需要一个很大的废纸篓——“写着错误想法的纸我都得往里扔”。在像苹果公司这么成功的企业里，史蒂夫·乔布斯也会设计出Lisa和Power MacCube这样失败的电脑产品，但是这种富有创造力的企业文化也催生了像iPod（音乐播放器）和iPhone（苹果手机）这样大获成功的产品。福特公司的艾德赛尔车型、45 转黑胶唱片或是可口可乐公司推出的新口味可乐这些失败的产品也成为全美商学院里的经典案例，它们教会学生什么是不应该做的。事后回顾这些失败的案例，我们得到的宝贵经验，就是管理层所犯的错误往往都是不能奏效的失败冒险。这些商业运作上的误判尽管在当时看来成本很高，但它们也是这些公司继续维持经营的必要成本支出。“管理学之父”彼得·德鲁克早在半个世纪前就指出，管理层所肩负的一项重要任务就是利用公司的现有资源进行谨慎的冒险，从而确保公司未来的永续经营。如果一个公司从来都没有栽过跟头，那我估计这家公司的管理层对现状大概没有什么不满意的，也没有必要去努力证明自己收入的价值。

不论从哪个角度看，当年的施乐公司管理层对自己的现状都有些扬扬自得了。市场领军地位让他们太过舒服了。我也说过，如果你觉得处境舒服的话，那么你就会有放弃冒险的强烈冲动，这种冲动有时候强大得让你难以抗拒。一旦如此，那么失败也就不远了。

第二诫

思维僵化，我行我素

我喜欢让现状保持原状。

——**约吉·贝拉**[①]

不愿冒风险和做事方法不灵活有相像之处，但是它们还是有一个很重要的细微差别。真正固执的人不是在规避风险。他们不仅不愿意冒险做出改变或创新，还对自己的方法固执己见，坚信自己掌握了成功的秘钥，觉得再也不用去探索其他的成功之道了。这种情形在可口可乐公司也曾发生过。

1920 年，发生了“可口可乐”的商标权之争[②]，那场官司一

---

① 约吉·贝拉（1925—2015），美国著名棒球运动员。——译者注

① 美国有一家名为可柯（Coke）的饮料生产企业，可口可乐公司认为它的名称和可口可乐过于相近，侵犯了其商标权。1920 年，美国联邦最高法院做出裁决，判可口可乐公司获胜，此后 Coke 成了 Coca-Cola 的另一称谓。——译者注

直上诉到了美国联邦最高法院，最后大法官奥利弗·温德尔·霍姆斯裁定可口可乐公司获胜，认为可乐是“出自单一来源并为大众所熟知的单一产品”。

可口可乐公司对于这一裁决欣喜过望，以为自己拿到了一道圣谕，固执地认为自己占有了产品的独家生产权，觉得自己的这种地位是无人可以撼动的。管理层根本无法给公司描绘出什么愿景，他们认为眼下的可口可乐公司已经完美无缺了。他们的短视集中体现在认为“可口可乐就应该采用大家熟悉的绿瓶包装”，公司的高层把可乐这种饮料和原有的包装当成是完全一样的事物。尽管可口可乐原来流线形的包装瓶是千家万户所熟悉的，但是可口可乐公司设立时也没有用这个瓶型登记注册。

在公司大约半个世纪的广告中，无论是圣诞老人，还是艾森豪威尔总统，手里拿着的都是这个漂亮的绿色玻璃瓶。可口可乐公司不愿、不想，而且也真的没有换过产品外包装，一直都在使用那个6.5盎司①容量、带有弯弧的绿色玻璃瓶。我们觉得上帝就想让我们用这个产品包装，不管顾客想要什么，我们都只有这一种包装。在“二战”末期，可口可乐公司高管的思想是如此僵化，公司的业务停滞不前。

① 本书中所用“盎司”均指美式液体盎司。1美式液体盎司≈29.27毫升。——编者注

1886 年，约翰·彭伯顿在亚特兰大一家名为雅各布斯的药房发明可口可乐时，并没有把可口可乐放在绿色包装瓶里。在彭伯顿发明可乐后的最初几年，出售可乐的方式也很简单，就是在药房的柜台上一杯杯地卖。在药房里，彭伯顿往焦糖色的可口可乐甜原浆中冲上苏打水现场出售。如今，在一些运动场馆、剧院、麦当劳等快餐店以及全球很多零售店中，可口可乐依然采用同样的方式出售，想喝的人拿个纸杯或是塑料杯去接就行了。但是，更多的可乐还是在超市和其他零售店中以瓶装或是罐装的方式出售。

彭伯顿于 1888 年去世，年轻的可口可乐公司就由阿萨·坎德勒继承了衣钵，他把可口可乐公司的业务向美国南部扩展，但他的营销渠道也只是通过药店建立。19 世纪末，当时的软饮料灌装技术还非常落后，操作不慎还会发生爆炸事故。可想而知，可口可乐公司在亚特兰大的创业者除了加苏打水零售以外，真没认真想过公司该怎样扩大经营。（为什么要去冒险呢？不妨再看一看第一诫。）

1899 年，本杰明·托马斯和约瑟夫·怀特黑德等几位来自田纳西州查塔努加的年轻律师找到了坎德勒，这几位锐意进取的律师想要买下可口可乐的灌装许可权，并提出由他们来承担所有可能出现的风险。因为坎德勒自己看不到罐装饮料未来的任何前景，所以他就把饮料的灌装权爽快地给了别人。本杰明·托马斯和约瑟夫·怀特黑德用很低的价格永久买断了可乐灌装权。坎德勒当然没有把可口可乐的配方外泄，如果他这个不成熟的决定导致了什么不好的局面出现，他依旧可以通过向灌装商出售可口可乐的浓缩液赚钱。

罐装的可口可乐一下子就赢得了大批拥趸。到 1905 年年底，美国共有超过 200 家灌装厂。罐装的可口可乐在全美各地都能够买到，尤其是在炎炎夏日，小零售店和百货商场会摆出很大的一个水缸，里面放着冰块和凉水，还有各式各样的软饮——可口可乐、无醇啤酒、姜味啤酒、橙汁饮料、奶油苏打汽水等。这些饮料都灌装在同样包装、8 盎司的瓶子里。在你伸手去掏缸里的饮料时，你很难分辨出自己拿的究竟是哪种饮料。如果饮料的商标因为浸泡在水中脱落了，那么你就更难判断到底挑的是哪种饮料了。

受到灌装商的启发，可口可乐公司也开始意识到出售瓶装可乐的市场潜力，就委托卢特格拉斯公司设计了一款带有可口可乐商标的独特瓶型。公司希望设计出一款消费者凭触感就能从冰水中判断出的瓶子。

卢特格拉斯公司设计出了一款造型别致、呈倒沙漏形的绿色玻璃瓶，中间部分比较宽，上下两端的宽窄相仿。这款瓶子的设计深受灌装商和顾客的好评。在很多人眼中，这款瓶子和这款产品已经融为一体了。

我也说过，这反而造成了麻烦。

罗伯特·伍德拉夫雄心勃勃地开展他的全球扩张计划，这款容量为 6.5 盎司的绿色瓶子如此深入人心，以至罗伯特·伍德拉夫和公司很多人都没有想过其他的替代灌装方法。在他们看来，这个绿色瓶子和里面的可口可乐是鱼和水的关系，两者根本不可分割，它们共同代表着同一个商标——可口可乐。

与此同时，百事可乐公司的一位营销奇才沃尔特·迈克在 1939 年想出了一句很棒的营销口号："同样 5 美分的价格，双倍分量的大瓶装。"百事可乐开始以 5 美分的价格销售 12 盎司装的可乐。这句营销广告到处都能见到，广播里也在播放有史以来写得最好的一首广告流行曲：

> 百事可乐，广为称道，
> 12 盎司，那可不少，
> 12 盎司，价格公道，
> 百事可乐，你的饮料。

百事可乐的销量开始逐步攀升。

但是，可口可乐公司并不为之所动。事实上，当年可口可乐公司在内部交流中谈及百事可乐公司时，都不屑称呼它的品牌名，而是把它叫作“跟屁虫”。

“二战”后，越来越多的美国消费者都买得起冰箱了，他们可以在家里储藏更多的饮料，所以“跟屁虫”生产的双倍分量的大瓶可乐受到日益增多的消费者欢迎。1947—1954 年，百事可乐的销售量翻了一番，可口可乐的销售量却停滞不前。诚然，和竞争对手相比，可口可乐的销售量还是要高出一大截，但是两者之间的差距在不断缩小，而且可口可乐主要竞争对手的实力有了长足的进展。

但是，可口可乐公司的领导层很自以为是，他们根本没有考虑过采用其他的瓶装策略。他们还认为，百事可乐公司的大瓶装可乐卖同样的价格，容量却是可口可乐的两倍，那它很快就会破产。

但是，百事可乐公司并没有破产。

1955 年，面对市场份额不断下降的尴尬局面，顽固不化的可口可乐公司最终也只得让步。公司推出了三款不同容量的新包装——10 盎司的中瓶装、12 盎司的大瓶装和 26 盎司的家庭装。

我们的很多灌装商也是一样顽固不化。

1974 年，我担任可口可乐美国分公司的总裁，出于双方的生存利益考虑，灌装企业允许我们更改灌装合同是非常关键的。

这符合它们的最大利益，但是有些灌装商就是意识不到这一点，这些人只是想着过去而不思进取。

我们的灌装系统虽然很成功，却很落后。原先的灌装商地区划分是在19世纪末、20世纪初就确定了的，取决于一个灌装商乘坐马车一天可来回的路程。保留灌装商的地区划分是很有必要的，但有很多大型零售商的分店遍及各个区域，因此要维持一刀切的可乐出厂价格变得越来越难。就这样，到20世纪60年代末，可口可乐公司给很多大型零售商供货的能力被大大削弱。但是很多灌装商拿着永久的签约合同，既不想出售或搬迁自己的工厂，也不愿意和别的灌装厂合并。这些灌装商执迷不悟，导致整个可口可乐灌装体系的生命力逐渐衰竭。

为延续可口可乐公司的业务，我们不得不进一步提高产品价格，但是我们和灌装企业的既有合同让我们有心无力。此外，我们的灌装企业划分需要和我们的零售客户分店分布相匹配。可口可乐公司需要和所有的灌装企业重新谈判。当时可口可乐公司的总裁是卢克·史密斯，在他的牵头下我们开始了这一艰难的进程。

卢克·史密斯和我同每一个灌装商都进行了交谈，他们往往很不情愿才答应改变。公司里流传说，一个灌装商临死前告诉自己子女的最后一件事就是："别让他们在合同上和你们玩花样。"而我们确实和他们在合同上讨价还价。

就这样，我们采用各个击破的战术，让大多数灌装商都意识到，如果我们不能改弦更张，就无异于集体自杀。世界最著名的产品可口可乐已经面临危险，我们需要齐心协力来解决危机。我们做到了这一点。

当你周围的环境已经发生改变，你却依旧我行我素，没有想过因时而动，那么你肯定会栽跟头的。

> 这是人类的悲剧，时过境迁，而有些人却顽固不化。
>
> **——马基雅维利**

透过很多公司，我们都看到一些曾举起创新旗帜的行业巨鳄因为不思进取而走向衰落，这样的例子不胜枚举。我们也看到一些身处高位的人沾沾自喜，拍着胸脯跟人保证，公司里一切运转正常，其实公司已经缓缓地走着下坡路了。

20世纪70年代，我担任着IBM美国分部的顾问，直到80年代中期，IBM的发展都一帆风顺。无论是在销售额、利润还是新专利等指标方面，IBM都是计算机行业的领跑者，它是该行业在《财富》世界500强中排名最靠前的。公司的高管却被胜利冲昏了头脑，他们认为，之前发展迅猛的大型机代表着未来的方向。他们的这一判断在相当长的一段时间内并没有错。1980年，

IBM预测到1995年年底，公司的营业收入将突破2 500亿美元大关。1984年，公司的税后利润达到66亿美元，创造了当时所有公司的最高盈利纪录。但是仅仅过了9年，到1993年1月，IBM就宣布损失高达80亿美元。

在这9年间到底发生了什么？IBM过于我行我素了。他们洞悉到电脑界的发展趋势，所以早在1981年年底就已经成功地生产出第一款个人电脑。但是，他们并没有认识到这种发展趋势会成为日后的主流。公司内部预测到1987年年底，全球个人电脑的销量不足25万台。实际上，早在1985年，全球个人电脑的销量已经超过了100万台。IBM的高层不明白，或是佯装不懂，个人电脑的营销技巧和之前带给公司行业领军地位的大型机的营销手段是完全不同的。就像指挥千军万马的元帅和将军总是想要将敌人一举歼灭一样，IBM的管理层在内心深处只是坚持原来大型机的营销之道。

在整个20世纪80年代，我经常提醒IBM，我在可口可乐公司的办公室里面见到了越来越多的个人电脑，但每次IBM的高管总会对我不屑地笑笑或耸耸肩。IBM的管理层其实就站在河沿儿，无论在那儿站多久，都不会看见这条河两次完全一样的状态，因为河水总在不停地流动。历史就像河流的下游，未来就像上游，湍急的河水中始终是机遇和风险并存。而事实上，IBM

的高管一直忙于盯着下游，似乎那些漂亮、赚钱的大型机正沿着滔滔河流运往全球，他们看着自己过去赚得盆满钵满的业绩乐不可支。

最后，IBM的个人电脑业务也黯然落幕，它的笔记本品牌ThinkPad最终出售给了中国的联想公司。这让人痛惜不已，毕竟IBM原先是这一业务的领头羊。尽管IBM的表现已经有所起色，但是力挽颓势毕竟不是易事。

在整个相对年轻而极有成长前景的电脑产业中，尽管很多公司立业的基石就是创新精神与创造力，但是它们一旦成功，往往变得故步自封，而且它们并不像IBM那样幸运，最后很可能无法在竞争激烈的市场中存活下去。

很多读者应该都记得一家传奇公司的名字——美国数字设备公司（DEC）。该公司由肯·奥尔森、哈伦·安德森等几位美国麻省理工学院的天才工程师在1958年创办。在20世纪80年代的巅峰时期，它的雇员多达10万人，是全球第二大电脑公司，并且因为技术天才层出不穷而闻名业界。它是最早开辟互联网业务的公司，公司研发的AltaVista引擎是最大的综合性网络搜索引擎之一。早在公司内部邮件的价值得到市场认可之前，数字设备公司就已经在使用了。公司也早就开始了MP3音乐播放器的研发。总而言之，公司在很多领域都一直在行业中领跑。这座公司轰然倒塌的原因是对自己的知识产权过度保护。公司研发的任何产品都“以数字设备公司为中心”，对自己的知识成果保护得非常谨慎。尽管数字设备公司里人才济济，但还是忽视了电脑行业中各种产品兼容化的特点。不得已，公司的各项业务只能一一出售，最后一项业务于 1998 年出售，尽管这一品牌的名称在印度软件业还短暂存活了一阵。

不变通是一种人性的痼疾。

也许，亨利·福特在很大程度上改变了美国文化，这位才华出众的企业家的行为模式或许是向我们阐释这种痼疾危害的最好例证。

亨利·福特成为美国最富有的人并不是因为他首创流水线大批量生产汽车的模式，尽管他用毕生的精力制造出第一辆属于普通百姓的T 型车，但让他成为时代骄子的是他对大众产品营销的驾驭能力。他比同时代任何人都更清楚地看到，如果能降低汽车成本，那么就能够把汽车从一种富人独享的奢侈品变为大众能够承受的消费品。为了实现这一目标，他冒了两个险：首先，他不断降低每辆车的成本来提高销售量；其次，当时汽车流水线装配工人的平均日薪为 2.5 美元，但是亨利·福特在 1914 年宣布给工人 5 美元的日薪，这样的高薪在当年是闻所未闻的。

现在出现了一个新商业术语——“生产型消费者”（prosumer），他们本身既是产品和服务的生产者，也是消费者。亨利·福特早在一个世纪前就已经预计到了这种趋势。他把工人的工资翻了一番，在一夜之间让汽车的消费市场扩大了许多，因为很多汽车工人的薪水高到他们能买得起自己生产的产品了。不仅如此，他还赢得了工薪阶层的忠心，而之前很多工人的工作状态并不稳定。当时，汽车行业普遍认为人员的高流动率是难以避免的，亨利·福特则用实际行动推翻了所谓的传统智慧。

但是，仅仅过了几年，这个富有远见的商业领袖也开始变得固执己见，他的这种固执几乎毁了整个公司。

他曾经宣称："不管你想要什么颜色的汽车，福特汽车只有黑色。"在一段时期内，这种傲慢还不成问题，但是没过多久，人们就开始对单调的黑色车感到厌倦了。尽管在 20 世纪 20 年代，越来越多的美国人开始购买宽敞、高速、豪华和亮色的汽车，但亨利·福特还是坚守他的黑色 T 型车。这种状况自 1908 年以来就未改变，他认为这就是美国人需要的汽车，他也不打算改变自己的观点。

不进则退。雪佛兰和道奇等汽车行业的后起之秀开始侵蚀福特公司的市场份额，对它在汽车行业的龙头地位发起了挑战。最后，福特公司内部更多理性的头脑占据了上风，公司决定要生产一款更好的汽车。亨利·福特将主要的生产厂暂时关闭了半年，在 1928 年成功推出了 A 型车。尽管如此，当年亨利·福特的这种顽固还是差点儿将公司推向了灾难的边缘，而且公司再也没能收回已经丧失的竞争优势。

20 世纪八九十年代，通用汽车公司和福特汽车公司继续生产耗油量惊人的SUV（运动型多功能车），而在新兴市场中领跑的丰田汽车公司已经成功研发出省油的混合动力车。丰田公司前北美区总裁吉姆·普雷斯曾经说过："两个国家喝的茶模样相同，研发能力也相同，但是全球的能源是越来越充裕，还是越来越稀缺？空气质量是越来越理想，还是越来越糟糕？你的行动能够更具有预见性和建设性，从而和整个社会合拍吗？或者你只是死守昔日的辉煌而不思创新，直到头撞南墙再清醒过来？"

每个公司和每个行业失败的故事自然是不一样的。有些公司的失败在外人看来要更加明显。我们不妨回顾一下在 20 世纪初，无论生产冰块的公司怎样努力，也难以扭转自己的地位被电冰箱公司取代的命运，它们必须要投身其他行业才行。但是，当年 3 000 多家自行车公司大部分都倒闭了，而有些转行开始生产汽车（就像莱特兄弟进入飞机工业一样），这种变化看上去就不那么彰明较著了。不过，在各个行业中，肯定有些经营者的理念要比另一些人更加灵活、变通。

不过，对于造成一些业界大鳄最后搁浅而亡的原因却是毫无争议的。蒙哥马利·沃德公司曾是美国零售界巨头，并在全球首创了邮购服务。公司最后的失败完全要归罪于一个人的顽固不化。

蒙哥马利·沃德公司之所以兵败滑铁卢，是因为一位名叫斯韦尔·埃弗里的律师。这位保守的董事长曾在大萧条时期拯救了公司，当年他就主张大幅缩减公司规模，而很多公司都在扩张。但是，斯韦尔·埃弗里一辈子都没能摒弃大萧条思维，因此人们都称他为“悲观的斯韦尔”。他的时钟已经定格在1929年，在他眼中，经济危机似乎马上就会发生。

在“二战”后，类似宾夕法尼亚州莱维顿的新兴住宅区不断出现，新的美国家庭也不断组建，斯韦尔·埃弗里不仅没有预见到这种趋势，而且即便他观察到了这种趋势，也选择视而不见。20世纪50年代中期，孩子的零花钱已经超过了40年代家庭的总收入，美国变得越来越富裕。但斯韦尔·埃弗里就是顽固不化，对“二战”之后在他身边发生的经济腾飞熟视无睹。他没有批准任何投资，也没有扩大任何业务。结果，“二战”结束10年之后，蒙哥马利·沃德公司的竞争对手西尔斯百货的销售额翻了一番，但是蒙哥马利·沃德公司的销售额竟然下滑了10%。

在激烈的市场竞争中，这种状态的蒙哥马利·沃德公司自然会走向衰亡。斯韦尔·埃弗里在告别人世的那一天依旧觉得到处都是危机重重。他脑子里只有自己的成见，根本听不进别人的建议。不仅如此，他还因为解雇那些直言进谏的员工而臭名昭著。

美国共和钢铁公司是另一个思维刻板的典型例子。20 世纪 60 年代，罐头制造企业是共和钢铁公司的主要客户之一，当时罐头制造企业开始更加注重采用轻质、运输费用更低的铝材。共和钢铁公司正如日中天、财源滚滚，它应该抓住这个机会进军铝材加工市场。那时的共和钢铁公司也有充裕的现金流，完全可以收购一家铝业公司。但事实并非如此，共和钢铁公司的领导层顽固不化，根本不愿意放弃铁罐生产，甚至还说铝这种金属“不结实”，并利用自己的能力试图阻止铝罐在市场上流行起来。最后的结果是公司失去了一切，庞大的共和钢铁公司帝国轰然倒塌。

要想了解有些固执己见者到底有多不开明，我们不妨回顾一下在电视业发展的初期好莱坞对它冷嘲热讽的态度。当我在奥马哈担任 Wow-TV 电视台主持人的时候，那些富有的好莱坞影业大佬是怎样看待电视这种新生事物的呢？他们的态度非常傲慢，当时流传的一个笑话说：“杂耍剧已经退出了历史舞台，电视台就把它放进了电视匣子。”

当时的主要电影公司根本不想和这种傻兮兮的业务沾边——就让已经过气的喜剧演员米尔顿 · 伯利去电视节目上表演吧。电影公司的老板们认为，和过去一样，宽银幕电影依旧代表着未来的发展方向。好莱坞的大腕们不断拿电视业及其从业人员开涮，当美国联邦通信委员会主席牛顿·米诺说电视业还是“一片巨大的未开垦的处女地”时，好莱坞窃笑不已。他们还处处给电视业设限，希望它早点儿消失。而且，当时除了美国人以外，在别的国家并没有多少人喜欢电视。

最后，好莱坞的主要电影公司也不得不拥抱电视这种新事物，但它们最初的固执态度在“电影人”和“电视人”之间造成了不必要的矛盾，有时候这种矛盾甚至出现在同一家公司内部，更别提使这些公司丧失了多少潜在的机会。本来好莱坞的主要电影公司可以成为电视业发展的主要推动力量，但是它们最多只是一些旁观者，甚至成了电视业发展的最大绊脚石。

航空业也曾经染上过顽固不化的臭脾气。

在 20 世纪三四十年代，最让人感叹现代交通发达程度的莫过于飞机了，泛着银光的飞机在几个小时内就可以把乘客从美国东海岸送到西海岸。这不仅是一种新型的交通方式，而且很快催生了创新的营销方式。泛美航空公司总裁胡安·特里普推出了经济舱客票。这样一来，乘飞机旅行就不再是珠光宝气的电影明星和呼风唤雨的华尔街大亨们的专利了，全民乘飞机旅行的时代已经到来了。

尽管航空公司在起步时干得风风火火，但是接下来几年，它们的活力就衰退了。客机本身变得越来越大，速度越来越快，但是航空业运营的创新步伐慢得就像蜗牛爬行一般。由于几十年来都受到政府对航空业经营严格管制的保护，这些航空公司的老板都忘了怎样成为富有创新精神的企业家了。公司的损失日益严重，但是他们在经营策略上依旧不知变通。他们屡屡犯错，一再重蹈覆辙，最终陷于破产的境地，还一次次道貌岸然地向投资者许诺会改善管理并提高效率。事实上，航空业的一些人把经营亏损和破产归咎于航空业放松经营管制。诚然，航空业是一个复杂的行业，公众和私营部门的利益都在这里交汇。但在我看来，航空业管理层所做的唯一的努力就是力图让员工同意减薪的决定（我的经验告诉我，如果没有其他更好的战略改革方案，那么最简单，同时颠扑不破的道理就是，你不能通过削减成本保证你的赢利能力）。

就在这时，一位富有创新精神的商界奇才横空出世了，他就是美国西南航空公司的联合创始人赫布·凯莱赫。西南航空公司和当时其他的航空公司只有一个相同点，就是用飞机运送旅客。除此以外，赫布·凯莱赫几乎改写了一切。整个西南航空公司采用的是清一色的波音 737 型飞机，这样一来，公司就能够在飞机上提供标准化、程序化的服务了。他改变了机舱过道和座位的布置格局，改变了定价模式，努力争取不同类型的客户。结果如何？西南航空公司在一些投资者已经放弃了希望的航空业赚到了利润（它是否能继续书写这份辉煌还有待观察，因为在写这一章的时候，西南航空公司和其他航空公司正在应对不断上涨的燃料价格，也正在为此而采取削减成本的措施）。

如果你想要自找失败的话，那就固执己见吧。不过，我想说明这样一点：灵活变通本身并不是一种美德，也不是那些畏畏缩缩者的盾牌，好让他们扯皮推诿而不做决断。灵活变通和适应能力是领导力的重要组成部分，是超越简单的管理能力、运作能力和技术能力之外的一种才能。我相信灵活变通的人具有习惯性审时度势和思考的能力，一旦环境改变，他们就会迅速地适应新环境。实际上，它是达尔文“适者生存”理论的核心理念。做人要灵活变通，适应环境。

> 从来不知变通的人就像静止不动的河水，会让头脑生锈的。
>
> **——威廉·布莱克**[①]

需要指出，有些组织在几代人的领导下一直拒绝改变。我记得著名艺人宾·克罗斯比在和可口可乐公司合作时同我聊过。他

① 威廉·布莱克（1757—1827），英国浪漫主义诗人。——译者注

可谓当时最著名、最成功的明星之一，拥有美汁源公司的股份。当可口可乐公司收购了美汁源之后，我们说服宾·克罗斯比在20世纪60年代末给我们拍摄了一些广告片。因为罗伯特·伍德拉夫和著名的奥古斯塔国家高尔夫球俱乐部渊源颇深，作为一个高尔夫球迷的宾·克罗斯比问我们能不能帮个忙让俱乐部吸纳他成为会员。

奥古斯塔国家高尔夫球俱乐部的大老板给伍德拉夫先生的回复是："我们可不接纳什么演艺明星。"

商界可承受不起如此顽固不化的态度，实际上，连最固执的商界大亨也绝不会让外人觉得他们一意孤行。他们至少会在嘴上对革新啧啧称好，发表一通他们愿意拥抱变革的陈词滥调。但实际上，他们往往会安于现状。为什么呢？因为任何形式的改变都是很不容易的。你不妨反观自身，如果让你搬到另一座陌生的城镇去生活，那种痛苦也是刻骨铭心的。

在下一章的第三诫中，我将向你介绍造成自以为是的更重要原因，那就是故步自封，它也成了自以为是的同义词。

第三诫

把自己完全孤立封闭起来

自我陶醉是如此让人心动，人们也很容易陷入这种状态。作为一个公司高管，你无须付出多少努力就能营造出一种虚幻景象。不妨从办公室的环境开始，给自己打造出一种自我膨胀的虚幻感。要想远离纷扰，就选取一个和员工隔得远远的办公室，最好在高管办公楼层最尽头处挑选一间办公室，然后把厚厚的门关上。

曾经有人告诉我说，有一位光彩夺目的首席执行官在公司总部给自己建起了一座“泰姬陵”。尽管其他高管也在同一层办公，但那一层的一大块角落都是为他特意打造的。他的大套间外面安有厚厚的玻璃门，进了玻璃门是他的秘书台，穿过秘书桌，再推开一扇木门，你才能进入这位首席执行官的办公室。进入这间办公室仿佛置身异国他乡，里面摆放着各式奇异的巴西艺术品，播放着柔和的轻音乐，还点着各色的香烛，一排电视屏幕让你觉得相当气派。你不妨假设一下，如果有一位中层经理要来他的办公室禀报一个坏消息，看到在这座宫殿里优哉游哉的首席执行官，那这位中层经理的心理压力该有多大啊！光是看上一眼这奢靡的摆设，十有八九他就吓得不敢开口了。

人一旦陷入自我营造的海市蜃楼，那么他就不愿意“下楼”了，只愿意去别人的海市蜃楼里坐一坐。这些人不会自己接电话，什么时候都要别人替他们接电话；他们不会去留心复印机到底放在哪儿了；他们也不会在总部的办公室里走一走，和员工交谈一番。我有在不同楼层到处走走，和员工们聊天的习惯，我会做个自我介绍，问问他们工作进展如何，在做些什么以及怎样才能够做得更好。

如果你想故步自封的话，那你根本没有必要费力去做这些事，你会觉得这完全是在浪费时间。员工会告诉你一些日常业务中鸡毛蒜皮的小事，这些惹你生厌的琐事还是不知道为宜。还有员工的名字——你不用绞尽脑汁地去记住每一个名字，他们有一天可能会辞职的，这样你的心血就白费了。我曾经读到过一位性格乖戾的英国贵妇的故事，她根本不屑去记住自己仆人的名字。尽管家里的管家已经换过好几个了，但她对每个管家都只叫“管家”。同样，她称呼女仆为“女仆”，称呼园丁为“园丁”。让她来当一个故步自封的首席执行官再合适不过了。

不幸的是，尽管有些人想要故步自封，但是历史上最成功的商业精英都有着和他们迥异的禀赋。很多传奇的商业精英的一个共同特性就是他们能和各个层级的员工打成一片。在20世纪六七十年代创立了赛斯纳飞机公司的德韦恩·华莱士就因此享有盛誉。当他走过位于威奇托的工厂流水线时，他不仅能报出3 000多名员工的名字，而且知道他们的一些家事。对员工的情况做到这般如数家珍在如今的跨国企业中是很难了，但是在一个大型公司的总部做到这一点还是可以实现的。不过，如果你就想让自己高高在上的话，那么就别理会这种劳神费力的事了。

如果你还想更加脱离员工的话，你不妨雇一个“御用”大厨，天天顿顿给你做想吃的美味佳肴。

你可以每天中午都只和几个亲密的下属在高管专用餐厅吃饭。有一个趾高气扬的首席执行官真的照搬我上面的建议了。每天中午，他都在总部的专用餐厅和其他几位高管吃饭。楼下办公室里普通员工和投资者的埋怨根本不会影响他用餐的雅兴。可能是因为这位首席执行官的功劳吧，公司的营业额上升了，但是他的管理风格给公司带来了长久的危害，他让管理层同员工、客户和投资者疏远了。即便天天和他共进午餐的高管坚信这位首席执行官的愿景，但简单的逻辑告诉我们，光靠这几个人是干不成大事业的。

专横傲慢的态度并不能提高工作效率。一个公司的领导人怎样和员工打交道是很重要的。如果高高在上的话，领导者就会和员工疏远，这容易招人非议，说不定过了一段时间之后员工还会反叛。但是，如果你想失败的话，专横肯定能帮你实现这一目标。

如果你想把你和员工之间的距离拉得更远，那么不妨雇用一群顾问和员工守候在你左右，他们的工作就是对你阿谀奉承。

接受任何现实都不是一件容易的事，因为你必须认真聆听好几层经理人的意见，每个经理人都可能会发表自己的意见，想想都会让你头大，还是算了吧。不用费力去做市场调研了，不用费力到员工大厅去走走、看看了。你看到的所有消息最好都是几个心腹给你准备好的简要提纲，那样看起来才比较省力。这些心腹会告诉你哪些消息你应该注意，而那些不用费心的消息他们已经替你过滤掉了。即便你从镜子里发现自己也不是完美的，太太也总是很讨厌地提醒你是个凡人就免不了一死，但这能证明你愿意听公司里的人这么评价你吗？肯定不会的。还是和公司里的人离得远点儿吧。

你周围那帮胆小怕事的董事能让你更好地体会到高高在上的

感觉，还有可能让你拿到越来越高的天价薪酬。即使公司在聘用独立董事方面有更严格的规定，但不管他们是什么人，都很容易想要对你感恩戴德。有了这帮胆小如鼠的董事，再加上和股东关系疏远，那么你就根本不用担心拿不到天价薪酬了。不过有一点你还是要小心的，股东和各个政府部门对那些拿着高薪的公司高管审查越来越严，他们是把高管的薪酬和表现挂钩的。天哪！不过所谓的审查也只不过是没用的橡皮图章罢了。即便你犯下了严重的错误，也不会因此而受到严厉的惩罚。事实上，你从事工作的第一项重要任务就是，不管公司是否遭受损失，先要确保自己拿到足额的报酬。让所有想批评你的人都滚一边去吧。

明知忠言逆耳却愿意听的人真是少之又少。

——**迪克·卡维特**[1]

不要去感念那些表扬你言行的人，而要去怀念那些批评你错误的诤友。

——**苏格拉底**

你不妨在办公室门口贴上一则告示：不要让你的老板生气，

① 迪克·卡维特（1936— ），美国演员。——编者注

不要告诉我坏消息。

阿道夫·希特勒就有这方面的癖好。他的秘书马丁·博尔曼马上就学会了适应这位暴君的脾气，从来都报喜不报忧。事实上，在任何组织里我们都可以找到一些“好消息”，如果汇报好消息就能进入高管专用餐厅吃午餐，那么肯定会有人兴冲冲地跑来向你汇报。而在另一方面，经验告诉我，有点儿偏执狂未必不是好事——确保坏消息能很快被告知公司高层，那么公司就可以及时采取措施避免灾难的发生。

查尔斯·凯特林是通用汽车公司最辉煌年代的舵手，他经常说：“除了坏消息之外，什么也别告诉我，好消息会削弱我的斗志。”我觉得自己没法做得像他那么极端，但有一个事实是再简单不过的：一个组织的进步源于通过努力解决问题，因此你首先要知道问题是什么，才能真正洞悉解决问题的办法。

在这方面你自己必须加倍努力。

当我去可口可乐公司在其他国家的分部考察时，当地的经理愿意在机场接机，然后带我去看三四家可口可乐生意做得最好的客户。但是，我想了解的是，为什么有些店铺没有成为我们的客户，有时候我会突然让司机停车，然后下车去某家店铺里看个究竟。我也喜欢坐下来和员工们促膝长谈，我会跟他们说：“这些是我的想法，你们有什么想法？”我经常能听到员工们的真心话，因为我经常会发现多位员工表达出同样的关切。

在“二战”期间，温斯顿·丘吉尔专门设立了一个办公室，它的唯一职责就是向他报告坏消息，这一点值得我们深思。不管消息有多么糟糕，丘吉尔都想一五一十地了解真相。希特勒则刚好与此相反，他原以为德军一直在战场处于上风，当他知道局面不利时已经为时过晚。如果你想成为一个高效能的领导者，那么你就要学会拨云见日，并且不要染上很多高管都有的高高在上的臭毛病。

从办公桌上看世界的角度是非常危险的。

——**约翰·勒卡雷**[①]

营造一种恐怖的气氛其实非常容易，不管你意识到没有，每座拥有聘用和解聘权力的办公大楼都有这种潜在的气氛。我还记得多年前在巴特纳特食品公司工作时，我负责一份管理工作，手下有几个销售员。他们定期会来我的办公室汇报工作并讨论当地的销售情况，但有位销售员是个特例。尽管他是业绩最好的销售员之一，但是他从不来奥马哈见我。他总能找到各种各样的借口：病了，客户临时想见他，他的车突然抛锚了，

① 约翰·勒卡雷（1931— ），英国著名间谍小说家。——编者注

或者遇到其他事情。

一个偶然的机会，我得知尽管他表现很出色，但是他很怕我。来到总部并乘电梯到我的办公室，这一过程就足以令他不寒而栗。我换了一种方式，主动去找他，接他来奥马哈的公司总部。我想让他知道，其实对我和公司总部都没有什么好怕的。他最后的职业发展非常成功。

能够催人奋进和让人感到恐惧的公司文化是截然不同的。要想打造一个良好的工作环境并非易事，但会让你受益匪浅。在《财富》杂志的榜单上，多年进入“美国100家最佳雇主”之列的公司往往给股东带来的回报也最多，这可并不是简单的巧合。

与此相反，要想营造一种恐怖的工作环境，那再简单不过了。因为它很容易做到，所以我猜很多高管也觉得它有吸引力。营造这种环境，你根本无须努力去理解任何人、任何事，你只需要大声咆哮、怒气冲天就行了，你只要在众人面前把那些犯错的人骂得抬不起头来，把他们羞辱得无地自容。说话做事能有多粗鲁就多粗鲁吧！表现得就像个两岁的孩子一样吧！让人感到心痛的是，有很多经理人真是这么干的。有些经理甚至还以对下属严加苛责为荣，以对自己的帮手恶语相迎为荣。在我看来，他们这些人其实都不够富有“创造力”，他们也没法给自己的行为一个合理的解释，不论他们是知名时尚杂志的资深编辑、电影导演，还是业界炙手可热的新派艺术家，都概莫能外。糟糕的行为就是糟糕的行为，不要为此寻找什么借口。我们都会记得自己受到不公正待遇时大发雷霆的样子，但发脾气会让我们自降身价。我不否认，借用这种激进的方法，有时候你能够获得短期的成功或是名誉。但这又能怎样？

在 20 世纪 90 年代初，各类媒体对于企业转型专家阿尔·邓拉普可谓是盛赞如潮。有人把他称作“链锯阿尔”，也有人把他叫作“裁员大王”。他每接手一个新的企业，就会大规模裁员，把公司的支出精简到无法再省的程度。《商业周刊》把他誉为美国最杰出的首席执行官，很多商业、新闻记者也相信这一判断。然而，没过多久，1998 年，他就把一家原本经营不错的企业——太阳公司给整垮了。

如果你想要凌驾于所有人之上，那么凡事首先替自己考虑就行了。如果有功的话，你就把所有功劳都抢过来。如果要承担责任的话，那么你就躲得远远的。当公众关注公司的成功表现时，你就迫不及待地跳到摄像机镜头前，把曾经帮助过你的雇员、同事和其他人都撇到一旁。在你把所有的风头都出尽之后，心里难免又会涌起一阵负疚感，这个好办，你可以给工作最卖命的员工送棵圣诞树或是一只火鸡。一个刻有员工名字和你的签名以及“谢谢你”字样的水晶镇纸也是不错的选择，它能让员工好好感动一番。这样一来，你也就还掉心债了。

爱出风头并不代表你一定会摔跟头，但它会让你有一种高高在上的感觉，会阻碍你成就一番大事业。

那些我认识和共事过的精英们，都有不居功自傲的美德，他们会刻意远离摄像机镜头。如果认真读读巴菲特致股东的信，你每读一两段就会发现，他把很多功劳都归到别人身上。无独有偶，在媒体给予公司正面报道时，投资银行家赫伯特·艾伦也喜欢让公司里的其他人成为新闻主角。只有当公司出现危机或是表现不尽如人意时，这两个投资大师才会露面，义无反顾地承担责任。

不管你从事什么行业，如果想要高高在上的话，那么就只找那些和你观点相同的人说话，他们最好还是和你志同道合的首席执行官。在公司大会、董事会议、俱乐部活动或是朋友聚会上，只找那些对你胃口的人去聊天。你只会听和你一样的阔佬去发表观点，谈政治或是工人的工资。对于我而言，我总是想努力扩大交际圈，这说起来容易，做起来并不简单。

如果你在自己的办公室门口贴上“闲人免进”的牌子，那些持反对意见者很快就会离你远去。这也是我喜欢约翰·伍顿的原因，他是加利福尼亚大学洛杉矶分校篮球队的教练，是一个意志坚定的人，也是一个胜利者。在执教的16年间，他每年都带领加利福尼亚大学洛杉矶分校校队转战联赛，但就是没能拿下一次总冠军。1963 年，约翰 · 伍顿身边很有想法的助理教练杰里 · 诺曼开始质疑约翰 · 伍顿所有的训练方法。在一般人看来，挑起变革的做法不啻异类，但是杰里 · 诺曼说服约翰 · 伍顿采用了新的技战术。让人感到欣喜的是，加利福尼亚大学洛杉矶分校赢得了 1964 年全美大学生篮球联赛的冠军，而且在接下来的 11 个赛季中又一举夺得了 9 个冠军头衔。约翰 · 伍顿后来评价说："不论你从事什么职业，在你的周围一定要有能提出反对意见的聪明人。"

这也是我相信一个管理团队中成员相辅相成的重要性的原因。如果管理团队中的领导者能够优势互补（例如，伯克希尔 · 哈撒韦公司中沃伦 · 巴菲特和查理 · 芒格的黄金组合，大都会公司中汤姆 · 墨菲和丹 · 伯克的强强联手，以及迪士尼公司中弗兰克 · 威尔斯和迈克尔 · 艾斯纳的珠联璧合），那么整个团队就能取长补短、相得益彰。但若某家公司内是一言堂，你可要当心了，因为一把手的风格决定了整个公司的状态，如果一把手有致命缺陷的话，那么这个公司的厄运也就不远了。

对于那种众星捧月型的组织，你一定要提高警惕。

能在可口可乐公司工作，我感到很幸运，因为有几位高管会直言不讳地告诉我做错了，有时候还会把话说得很难听！我还有几个意志坚定的秘书。他们很有勇气，有时候会把我让他们寄出去的信退还给我，脸上还挂着甜甜的微笑以及我所在高中校报编辑枪毙别人文章时常有的表情，对我说："你确定要这么写吗？"十有八九我都会重新考虑措辞。和电子邮件相比，这就是写信的优势所在，在写完信之后你还有时间去思考。

不要以为世上所有人的生活状态都和你一样。休伯特·汉弗莱[①]说过，每位议员和政府的高级官员每周至少应该体验一次公共交通，这样就会知道普通百姓的生活状态。这一建议对于公司高管也是非常奏效的，这让人不禁想起了一句俗语："在公司里，我或许是首席执行官，但是在家里，我也得倒垃圾。"

美国有几位老前辈曾经跟我讲起在新英格兰地区的一位可口可乐灌装商，他祖上两代都是灌装商，而且出身贵族家庭。这位贵族或许从来都没有进过自己的工厂，也许几年都没有喝过一口可乐。即便如此，他觉得自己还是很睿智，对公司周日下午在电台中做广告的做法提出了质疑："周日下午哪有什么人听广播呀？大家都在打马球。"真是荒诞至极的高高在上！这就是凡事都从自己的主观意愿出发，和自己的客户、雇员和股东完全脱节，而且最关键的是你自己还不知情。

如果你犯了第三诫而且趾高气扬的话，那么你对公司里你所

① 休伯特·汉弗莱（1911—1978），1968年民主党提名的总统候选人。——译者注

不了解的情况永远也不会多了解一丁点儿，还会对自己脑子里想的东西盲目自信。如果高高在上的坏脾气发展到极致的话，你就会觉得自己是圣人，从不会犯错。像亨利·福特，斯韦尔·埃弗里以及施乐、IBM等业界巨头的经理人，不仅相信自己是正确的，而且刚愎自用地以为任凭时光流转，他们也永远不会犯错。当来自公司总部的“圣谕”宣告“我们不会犯错，我们无所不知”，那你就要当心了，因为公司的领导层正昂首挺胸地向第四诫的泥沼迈进。

第四诫

犯了错误，拒不承认，目空一切

首先，不要承认公司出现了问题，不要承认犯了错误。如果情况不妙的话，能掩盖的就把它掩盖了，最好等到危机全面爆发，再去从外部环境中找原因，把责任推到某只替罪羊身上。顾客总是很烦人，你总是能找到归咎于顾客的理由。

有些公司的年报让我感到可笑，尤其是它们致股东的公开信。尽管一些公司当年表现糟糕，但是董事长总是很老练地指出一个个外部不利因素给自己开罪，包括无法预计的汇率变动以及异常猛烈的飓风冲击。关于公司的无能，你肯定也经常会读到不痛不痒的说法："至于错误嘛，也是有的。"某项事业已经崩溃了，负责人却毫无愧疚之情地宣称："至于错误嘛，也是有的。"言下之意是，肯定"不是我的错"。

这也是为什么当你阅读沃伦·巴菲特传奇性的公司年报时，会觉得酣畅淋漓。如果公司某年的业绩没有超过上一年，或是没有达到预期值，沃伦·巴菲特很快便会坦诚地说："今年表现不好，这是我的错。"尽管巴菲特在投资史上的杰出业绩堪称无人能敌，但是他从来都不觉得自己是天下无敌的。例如，在巴菲特1996年致股东的信中谈及对美国航空公司的投资时，他说道："有一次，一个朋友跟我说：'你都这么富有了，怎么就不能聪明一点儿呢？'回顾一下我对美国航空公司糟糕的投资决策后，我觉得这位朋友说得不无道理。"

在因为不可一世而酿成大祸方面，可口可乐公司也给人们提供了一个很好的例子。

1999年，比利时的一些孩子出现呕吐、头昏、眼花等症状，他们把原因归咎于饮用了可口可乐。几千英里之外公司总部的技术人员做了一些化学分析，分析结果指出可口可乐中并不含有让孩子中毒的成分，这也是公司的所有努力了。公司面对这样的危机时，还是觉得自己是战无不胜的。

问题是，孩子们觉得自己生病了，孩子的父母也觉得他们病了，医生同样觉得他们病了，可口可乐公司的高管却不这么认为。

可口可乐公司的销售额一落千丈，即便如此，公司管理层的反应速度之慢还是让人感到难以忍受。最终，公司采取了在危机发生第一天就应该采取的态度，那就是宣布当地的产品下架。即便如此，可口可乐的领导层还是觉得公司并没有做错什么。公众对可口可乐的质疑是毫无疑问的，而且公司又拿不出可以反驳质疑声音的事实。可口可乐公司行动迟缓，负面影响变得越来越大。最后，这起负面事件导致可口可乐公司大规模召回产品，这在公司创业 120 年来的历史上是从来没有过的，损失巨大。公司花了好几个月的时间努力修复形象。品牌和名誉是无价之宝，就像一句谚语所说的那样："信誉胜千金。"

施利茨啤酒一直都是美国酿酒业中的名牌。不知美国人还有没有印象，在 1975 年，施利茨是美国第二大啤酒品牌，仅次于百威啤酒，而且公司雄心勃勃地想要坐上业界的头把交椅。施利茨公司的管理层觉得，自己的营销理念要比传统的安海斯－布希公司[①]更加先进，因此扬扬自得。施利茨公司觉得自己的"市场调研"比竞争对手的更加深入、广泛，自己比对手更加聪明，认为自己的经营方法是战无不胜的，并且认为如果自己能够改变传统、减少原料的成本，就能赢得更大的先机。在一段时期内，这确实不失为一个好办法。

① 安海斯－布希公司，百威啤酒的生产商。——译者注

在一段时间内，一切还都算运转顺利。

不过，施利茨公司一直都在对酿酒的程序进行简化处理。为了节省酿酒时间，公司引入了一些人造化学成分。这样一来，酿酒的速度虽然加快了，却影响了啤酒的品质。

如果连最常见产品的品质都没有保障的话，那么一切都免谈了。施利茨公司偷工减料的做法引起了消费者的反感。喝啤酒的人往往都钟情于某个牌子，而施利茨公司的很多老客户开始改喝其他啤酒了。就这样，施利茨公司的地位一落千丈，原先它还是美国啤酒业的巨头，到20世纪80年代中期，它退化到仅仅是生产“让密尔沃基市引以为荣的啤酒”而已。施利茨公司的知名度大大下降，甚至最后只能关门停业了。

我们对一些公司管理层不可一世的态度已经见怪不怪了，这种态度其实造成了很多公司脱离现实并错失很多机遇。

在1965年出版的《任何速度都不安全》一书中，作者拉尔夫·纳德批评了整个汽车行业存在的质量问题，其中有一章非常出名，它点名批评了雪佛兰的新型后轮驱动考威尔车。在这次事件出现以后，通用汽车公司并没有选择同纳德和其他批评人士见面，更没有同汽车行业的其他人共同努力提高后轮驱动车的安全性。通用汽车公司对这些批评采取了否认态度，并雇用了私家侦探跟踪纳德，最后这些私家侦探还因为侵扰纳德而受到指控。为此，通用汽车公司白白耗费了大量的时间和金钱，还损失了宝贵的声誉。通用汽车公司的管理层丧失了一个展示自己关注公众安全的大好时机。公司采取桀骜不驯的态度，觉得自己永远都不会犯错，结果在公众心中造成了难以估量的损失。

在本书前面几章，我说过自己很幸运，身旁有一些能够直谏忠言的朋友，有时候我会认为自己的决策是万无一失的，他们却会告诉我这种刚愎自用的想法可能会让我栽跟头。其中有一个对我警示颇深的例子发生在 1989 年柏林墙倒塌之后。

如果你也想栽跟头的话，那就跟我学吧。

当时，我们正和德国业务部的负责人以及可口可乐负责全球业务的克劳斯 · 哈利开会。我们按惯例回顾我们的年度商业计划，德国的管理团队提出了一个商业计划，希望公司在民主德国投资大约 5 亿美元，甚至更多的资金，这个计划让正在汇总下一年度投资计划的我感到资金吃紧，因此当时我的态度就很强硬，断然拒绝了这个计划。会后，克劳斯 · 哈利找到了我，告诉我德国业务部的负责人想要辞职。

我感到非常震惊。为什么？

克劳斯 · 哈利回答说：“你其实没有听明白他的意思，大部分投资都将由民主德国的灌装商来承担。你根本不知道民主德国的市场潜力，因为你还没去过那里。你二话不说就否定了这么好的投资计划。”

克劳斯·哈利继续说：“至少你应该和他们再谈一次，不过我希望你在这个投资计划上更主动一些。你跟我一起去民主德国看看吧，你用自己的眼睛去观察一下那里的情况，然后再做决定也不迟。”

我们去了民主德国，我在那里转了很多地方，在那里我发现遍地都是商机。我的想法也发生了很大的转变。我把大家又召集了起来，先向他们道歉，因为我原先的思路过于狭隘、过于固执。我们当即拍板决定在民主德国买下几家工厂。

几个月之后，在瑞士举行的达沃斯经济论坛上，我宣布可口可乐公司决定在包括民主德国在内的东欧地区投资 10 亿美元。这一举措成为公司当年全球化经营中的一个关键环节，也成为西方公司对东欧投资中的亮丽一笔。在那里，可口可乐公司除了在灌装、配送、卡车和售货机方面进行设备上的投资以外，也像在其他国家和地区扮演的角色一样，拉动了瓶罐、纸箱、货板、印刷等很多相关产业的发展。

可口可乐公司在民主德国和其他东欧国家的成功经历再次向我们证明，一个公司高管待在总部舒服的办公室里，对某个商业计划粗略地浏览一眼，是很难对某一个国家或某一个行业的发展前景拿捏到位的。

当内维尔·艾斯戴尔在2004年重返可口可乐公司首席执行官岗位后，每做一个重大决定之前，他都会花上几个月时间在世界各地进行调研，深入分公司，同员工和客户促膝而谈。这个简单的道理其实无须我一再强调，深入调查肯定会有回报的，花些时间和下属面对面地交谈，而不是听秘书的汇报也肯定会有回报的。

如果你连当地到底发生了什么、市场前景如何、在各地做生意要注意哪些环节都不清楚的话，挖掘市场机遇岂非天方夜谭？最好的信息来源，就是你在分部的员工和地方团队。从公司总部以命令的方式往下一刀切的政策或战略注定是要失败的。如果你想提高自己失败概率的话，那你尽可以否认自己的判断并非百分之百准确这一事实，尽可以狂傲地以为别人什么都不懂。你也尽可以把大法官奥利弗·温德尔·霍姆斯说的至理名言——“确信并非确定的验证”当成耳旁风。

因此，如果你想栽跟头的话，那就当个爱摆谱的狂傲型领导吧。

如果你想跌得更惨的话，那么第五诫肯定对你的胃口。

第五诫

只求发展，漠视商业道德

在我出生三年后，家里的房子毁于火灾，我们几乎变得一无所有了。我们必须找到一个地方住，雪上加霜的是，大萧条降临了。我父亲利奥当年已经 42 岁了，但在事业上几乎得重起炉灶。不过他有能力重建我们的生活。我们离开了原来的农场，来到了艾奥瓦州的苏城，他在当地的牧场找到了一份工作，那家牧场是大宗牲畜买卖的集散地。因为努力工作，父亲逐渐成为当地最出色的买卖牛的经纪人之一。他可以一眼就估出牛的价格。到后来，父亲练就了火眼金睛，他敢跟任何人打赌，看到一栏 50 多头牛，他马上就能估出这些牛的平均重量，和实际情况相差不超过 10 磅[①]，如果他输了，他愿意给对方一顶斯泰森毡帽。我十多

① 1 磅=0.454 千克（公斤）。——编者注

岁的时候，暑假里会给他帮忙，我从来都没见过谁打赌能赢他，我也认为他永远都不会输掉一顶斯泰森毡帽。

多年的摸爬滚打除了让父亲练就了好眼力之外，还让他具有一种更加可贵的品质。很多人都觉得做我父亲这行的无异于诈骗集团，但父亲赢得了做事光明磊落的好口碑。西内布拉斯加州、怀俄明州和南达科他州的牧场主们把自己辛辛苦苦攒下来的积蓄都押在了牛群身上，风餐露宿地把这些牛犊养大，当他们把牛群送上火车时，跟我父亲说的话却非常洒脱、简单："利奥，给我卖个最好的价钱啊！"

他们对我父亲的信任是发自内心的，这也是我想拥有的素质——受到别人的信任。不是让人害怕，也不是让人爱戴，而是要得到别人的信任。别人相信你是坦荡无私的，相信你是公正不阿的，相信你会做正确的事。

但是，如果做事总是鬼鬼祟祟的话，你就很难得到顾客或雇员的充分信任，也就注定会失败。

> 如果你取得成功而又不违背原则，那么这种成功就会更持久。
>
> **——沃尔特·克朗凯特**[1]

[1] 沃尔特·克朗凯特（1916—2009），美国享有盛名的记者之一，被称为"最可信任的美国人"。——编者注

之前，我就提到过在罗伯特·伍德拉夫创立可口可乐的过程中，信任起着非常重要的作用。不论在当时还是现在，信任都是任何公司基业长青的重要养料。尽管现在的科技创新日新月异，尽管企业管理的方法和营销手段一再更新，但归根结底，所有公司最后的生命线都是信任问题：顾客要相信企业生产的产品正如它所许诺的那样好，投资者要相信公司的管理层是有能力的，员工要相信公司的管理者能够兑现承诺。

最近几年，我们看到有一些自以为聪明、精力过人的企业家对这种简单而又正确的观点在理解上存在着偏差。

凯马特公司和沃尔玛公司都成立于 1962 年，但是凯马特公司喜欢剑走偏锋，最终导致公司在 2002 年破产。在公司的发展历程中，市场上有传言称，凯马特公司存在着腐败和高管私下交易的问题，公司也因此受到指责。负责房产业务的一名公司高管涉嫌受贿。事实上，凯马特公司经常触及此类问题，法庭好几次指出它违规了。

腐败之所以在美国的社会中变得越来越普遍，是因为整个社会环境变得越来越不文明，大家对于别人糟糕的行径也见怪不怪了。已故的美国参议员丹尼尔·帕特里克·莫伊尼汉曾把这种局面描述为“世风日下”。

斯坦福大学心理学家菲利普·金巴多曾做过一个著名的实

验，两辆同样的敞篷跑车没有盖上顶篷，也没有车牌，一辆停在了杂乱的纽约市布鲁克斯区，另一辆停在了富足的加利福尼亚州帕洛阿尔托。结果，在布鲁克斯区，没过几分钟，车就被人划了痕，惨遭“毁容”。

而在帕洛阿尔托，则是完全不同的另一番光景。整整一周过去了，停在路边的跑车依旧安然无恙。不过，有一天，这位心理学家自己抡起大锤子开始砸车。很快，驻足的过路人也加入了砸车的行列，没用几小时，这辆车就完全报废了。这一实验催生了犯罪学上的“破窗理论”——如果一座建筑物的窗户玻璃被打破了，过了很久也没有人来把它修好，行人就会据此推断，这是个无人关心、无人管理的地方，于是很快就会有更多的窗户被打破。“这里没人在意，打破一个窗户也不会有人说你什么，多打破几块玻璃也没事，没关系的。”

从某种程度上说，几年前的商界环境也在经历与玻璃窗同样的命运。人们往往忽视了道义上的小漏洞。

腐败变得更加猖獗还有另一个推波助澜的因素，那就是我们花了太多的时间来讨好“塑造了市场”的华尔街分析师。

在可口可乐公司创立后的头 120 年的历史中，公司和华尔街几乎不打什么交道。公司每年业绩喜人的年报只有短短 8 页纸，上面也不放任何图表。公司的态度就是：“你想要了解的信息都在年报上了，自己看年报吧。”

公司的领导层很少和华尔街进行对话，公关部的员工所要做的是尽量不让高管的名字见诸报端。人们最关注的是公司的产品，而非公司的首席执行官或是首席财务官。

但是渐渐地，可口可乐公司和其他所有公司的年报都变了。它更像一台公关机器，而非仅仅是向投资者汇报公司的表现。现在，大多数公司的年报中一页接一页的彩色图片和关于各个人种、各种信仰和各类文化的宣传让你目不暇接。你甚至会看到双页印制的缅因州郁郁葱葱的森林的图片。年报还要告诉你印刷这些年报所用的纸张是环保纸，制造这些纸张并没有砍掉这些树。在绿树丛中的某个角落，你要用心找才能发现公司的运营数字。

1982 年，股市有史以来最长的牛市格局展开了。除了在 1987 年略有下挫外，股市 18 年中一直涨势如虹。就在这段时期，很多公司开始让分析师进入公司的前院，又进入大厅、厨房，甚至还来到了私密的起居室。有一天，公司的高管突然醒来，发现自己已经把分析师引入卧室了。

这些分析师也不再像从前那样被动地观察公司的表现了。他们进入公司腹地后也带来了很多甜言蜜语，给公司的高管提出了各种建议。

在那轮牛市开始之前，评价一个首席财务官的优劣，看的并不是他多么富有创造力。首席财务官往往很聪明、强硬，甚至有些抠门。他们主要的职责就是看管好企业的现金流。如果现在进行交易使用的不是纸钞而是金币的话，他们甚至会用牙来咬一咬，看看是不是真金。让人听到好消息并不是首席财务官的职责，他们不会美化任何人和事。毋庸置疑的一点是，无论消息好坏，首席财务官总会一五一十地把情况汇报给首席执行官。

但是，到了这一轮牛市，由于公司的高管已经把华尔街引入了公司后院，因此首席财务官的办公室也慢慢变成了一个利润中心，而且是很重要的利润中心。“这季度我还需要 5 美分的每股收益，快去给我找出来！”一些心绪不宁的首席执行官会向首席财务官这样咆哮。

长此以往，很多首席财务官就不再是公司透明化和严格财务制度的守护神了，他们倒成了商界耀眼的明星。华尔街上的分析师也成了名人，他们对于投资银行的健康运行发挥着越来越大的作用。

因为差不多每家上市公司都在和华尔街保持沟通，所以要求公司创造短期业绩的需求就一直存在。这种需求是如此强烈，以致转化成让公司创造短期业绩的巨大压力。

一些公司的高管发现他们不再关心“这样做对吗”的问题，而是关心“这样做合法吗”。倘若果真如此，那么他们接下来要考虑的就是“犯错了能不被逮着吗”。

这些公司最后的结局是很悲惨的。公司里的人篡改数字或是伪造账簿给负债蒙上遮羞布，虚报收入，竭尽所能去避税，更有甚者，上述三种伎俩同时使用。

那些卷入这种旋涡的人，最终的结局就是颜面丢尽，甚至锒铛入狱。有些首席执行官和首席财务官觉得自己高高在上，根本无须接受道义和法律的束缚。阿德菲尔公司在上市之后，创始人约翰·里加斯和他的儿子还是把公司当作自家的聚宝盆一样管理。安然、泰科等企业帝国轰然倒塌，而从它们的首席执行官和首席财务官的所作所为来看，他们根本没有把公司的股东和雇员放在眼里。

尽管大多数公司都能够遵守法规，没有触碰到第五诫，但是有些公司就喜欢在法律面前耍小聪明，它们犯了错，甚至还越过了底线。像阿德菲尔和世通这样的公司不在少数，而更让人痛心的是，它们玷污了整个商界的声誉。那些惯于偷奸耍滑的公司败类经常举办奢华的聚会，他们和显贵及名流觥筹交错的照片损害了整个业界的声誉。

导致问题出现的原因还有一个，那就是公司高管对于成为名人的渴望，这也是现代社会的通病。不论你走到哪里，都能看到架起来的摄像机。在电视台24小时不间断播出的今天，脱口秀栏目总在网罗能上镜的新面孔。有些大公司的高管对这种风尚乐此不疲。为了能让自己成为杂志封面人物，他们可谓是绞尽脑汁，一掷千金地招待要打点的人，斥重金购置华而不实的豪宅。

如果你刚刚开始变得有些分量，你就要提高警惕了，一些写手或者会把你捧上天，让你变得光彩夺目、超越同侪，或是把你刻画成比狄更斯名著《圣诞颂歌》中的吝啬鬼还要十恶不赦的人。当我成为可口可乐公司的总裁后，便在一些商业题材作品中出现了。作者的一些描述让我几乎都不认识自己了：有时候我成了一个威风八面的白衣骑士，率领公司披荆斩棘、勇往直前；有时候我又成了彼得原理①的鲜活案例，我的能力还不够驾驭目前的工作。

在我的故乡美国中西部，哪怕是最富有的农场主都会尽量做到不露富。你如果自我膨胀的速度慢一些，自己也会感觉更舒服些。

人人都喜欢得到别人的认可，但是我们要提高警惕，不要染上沽名钓誉的社会通病，也不要越过社会法制和道德的底线。

---

① 彼得原理，由美国管理学家劳伦斯·彼得提出，指的是，“在一个等级制度中，每个员工趋向于上升到他所不能胜任的位置”。——译者注

经理人关心的是正确的做事方法，领导者关心的是做正确的事。

——佚名

每次美国出现了商业丑闻之后，政府似乎都制定出了新的法规。

美国政府第一次决意要控制证券内幕交易是在1792年，原因是时任财政部部长助理威廉·杜尔借用权势操纵股票交易，但德高望重的美国首任财政部部长亚历山大·汉密尔顿保持着廉洁之身。威廉·杜尔因为是美国第一个被曝出参与内幕交易的官员而臭名昭著。他的投机操作最后促使投机商的聚会地点从咖啡屋、马路旁换到了一座大楼内（后来的纽约证券交易所），在这里进行的交易可以得到更好的控制和记录。

尤利西斯·格兰特总统任职期间曝出的丑闻、19世纪下半叶敛财大亨们的尔虞我诈催生了更多监管法规和反垄断法的出台。由于哈定总统任内的蒂波特山油田丑闻，在20世纪20年代初，更多的法规出台了。1929年进入大萧条时期，政府以更加密集的步调出台了诸多监管法规。在接下来的几十年中，定价控制、反招标违规和不公平竞争方面的法规不断推出。

光靠立法是无法让商人变得更有道义感的。在安然丑闻曝光时，除了美国证券交易委员会和纽约证券交易所的规定之外，相关的联邦法规长达 71 000 页。法律反对欺诈的态度是不言自明的，但是在 2007 年夏天次贷危机爆发之前，你在网上都能看到有人堂而皇之地出售获得贷款所需的虚假证明材料，你甚至还可以得到伪造的付款账单，这样你就可以从抵押贷款官员那里拿到钱，而这些官员其实早就知道这种伎俩不仅在现实中存在，而且很多人就是这么干的。对局面的错误判断和一些人胆大包天的犯罪行径是次贷危机的重要诱因。

在我写作本书的时候，尽管美国的监管法规已经变得更严了（有人说实在是太严苛了），尽管公众抱怨高管们拿着天价薪酬但行为不够检点，我们还是能听到有些公司的高管触碰了雷区的消息。

我觉得那些高管的处事态度不可理喻。我只能说这些领导过去和现在都太脱离现实了（参考第四诫），他们根本想不到人都有缺陷，包括他们自己在内也都不是完美的。

在“二战”临近结束时，我在美国海军服役，我当时的任务是负责照顾截肢、失明、耳聋和因为重伤失语的那些重伤病患者。或许是我在军队的履历介绍上提到了自己上中学时有演讲方面的经验，因此我被安排到了听力康复中心，专门照顾那些有语言障碍的伤员。其实我根本没有照顾这些伤病患者的经验，但是我从医院中另一位大夫那里临时抱佛脚学了点儿技能，我们康复中心的工作还是做得卓有成效的。

伤病患者之间是没有等级之分的。不论你是普通士兵，还是高级军官，你得到的待遇都是相同的。在工作中，我发现一些士兵顽强地和命运抗争，最后完全康复，而有些从来都没有怀疑过自己能力的军官则无法摆脱阴影，内心的恐惧始终挥之不去。在医院工作的这段经历让我很早就认识到，人性中的可贵与脆弱其实只有一墙之隔，人们既可以挺直腰板成就一番伟业，也可以就此沉沦下去。

在医院中，尤其是在住满了伤员的战地医院里，让人看得更分明的是我们的共性而非差异，我们有着共同的需求和脆弱性，抓破了皮肤，谁都会流血。

神父、古生物学家德日进曾经说过："人类的进化不会为某个人而停住脚步，大家都在同一起跑线上。"这句话我十分赞同。因此，我们友善谦恭地对待自己的同伴不仅是适宜的选择，对于人类的共存共荣也是非常重要的。那些行为不讲道义原则的人可能短时间内风光无限，有些人还能风光很久，但是最终他们会因为缺乏道义和人性而自取灭亡。在快要腐烂的根基上，你是无法建起一座结实持久的公司大厦的。

让我自豪的一点是，可口可乐公司有一种建立在信任和坚持做正确的事基础上的企业文化。

我还清楚地记得，美国国家广播公司在20世纪70年代播放过一部纪录片，讲述很多外来劳工生活的惨状。当看到这些由第三方雇用的劳工在佛罗里达州美汁源饮料厂的果园中恶劣的生活工作条件时，我们感到非常痛心。公司当时的首席执行官保罗·奥斯汀派我们的总裁卢克·史密斯和其他几个人去调查情况，其中就包括我。诚如纪录片所反映的那样，有些地方，劳工的生活条件真是糟糕透顶。后来，保罗·奥斯汀到参议院就这一问题做证，当听到对劳工境遇的描述后，他不仅承认这一问题确实存在，还说："参议员先生，您所描述的问题不仅存在，而且现实情况比您想象的还要糟糕。凭良心做事的可口可乐公司是不允许看到这种局面继续下去的。我们将尽最大的努力来解决这一问题。"

我们也兑现了自己的诺言。根据我们发现的问题，我们提出了改善员工福利的一整套方案。最初，我们只想到为在果园工作的工人提供更好的物质条件，包括改善住房条件、提供往返果园更便利的交通工具、在果园里提供冰水和其他设施。"旧楼"被推倒重建了。不过后来我们又想到，仅仅有更好的物质条件还不够。因此，我们派遣了一组行为科学家来到佛罗里达州，制订出一套帮助员工解决各种困难的详细方案。通过借鉴专家的研究成果，公司在果园设立了一家诊所，并建立了员工孩子的托儿所、入校前培训机构和成人教育学院。除此以外，我们也提高了工人在薪水和保险方面的待遇，工人们还建立起自治的社区组织。

后来，农场工会组织找到了我们，尽管最初大家有一些分歧，但最后问题还是圆满解决了。从那以后，直到大多数果园出售或转作他用，公司和那些劳工的关系都保持得非常好。

正如保罗·奥斯汀所说的那样，凭良心做事的可口可乐公司对劳工所经历的惨状是不能容忍的。这样做可不是为了搞好公关，而是要做一件正确的事。

为了维持人们对企业运营体系的信心，它的管理者必须光明磊落、为人正直。美国罗格斯大学的一项研究表明，在所有的大学毕业生中，工商管理硕士是最容易撒谎的。当我得知这项研究的结果后，感到非常震惊。最近有报道称，很多工商管理硕士班都开始涉及道德元素，并开设“商业道德”课程。我希望这些课程能够取得成功。但如果教授这些课程的老师本身有很大的缺陷，又没有在商界实际工作的经验，那么这种努力的收效未必明显。在现实商业世界中，你每天都要处理涉及道义的问题。

我父亲就不需要听此类“商业道德”课。在他长大的美国中西部，人们一诺千金，简单握手的分量都不亚于在律师办公室签的一份协议。我父亲肯定会同意管理大师彼得·德鲁克的观点，其实并不存在什么商业道德，有的只是道德而已，你的生活和工作各个方面并无断层。如果在不同的场合会有不同标准的道德观，那么你就不算一个商人，你简直就是电视剧《黑道家族》里面的黑社会老大托尼·索普拉诺了。

我父亲经常和我说他睡得特别香，我觉得这也应验了人们常说的“不做亏心事，不怕鬼敲门”吧。

第六诫

不用心思考，对该做的事情一知半解

问题的关键不在于机器会不会想问题，而在于人会不会想问题。

——**伯尔赫斯·弗雷德里克·斯金纳**[①]

我们这个社会崇尚科技。总体而言，这是一件好事，因为我们往往能够取得积极的进展。过去，像爱迪生那样的发明家给我们带来了灯泡，而如今的发明家给我们带来了功能强大到让人难以置信的电脑。佐治亚理工学院计算机系主任理查德·德米罗说过，我们生活在一个高度创新的时代。这个世界瞬息万变，因此我可以确信地说，本书所提及的一些技术创新现在已经成为历史了。

---

① 伯尔赫斯·弗雷德里克·斯金纳（1904—1990），美国行为学派心理学家。——译者注

然而，我们能够利用科技手段去做一件事情并不等于我们一定要这么做。有时候，科技把我们的生活搞得特别复杂，但是我们并没有得到什么实质性的好处，反而添了一大堆麻烦。举例来说吧，我买了一辆汽车，拿到一本厚达712页的使用手册。车上的收音机有很多按钮和设置，要想打开或关上收音机都不是一件容易的事，这明显是事倍功半的做法。我理想的车载收音机只有两个按钮，一个用来控制开关和音量；另一个只要轻轻一按，就能调换频道，如果再按一下，就能换到另一个频道。但是，我觉得我们要想真正实现这样简单、实用的设计，还需付出很大的努力。

科技最让我们心动的地方莫过于它带来了通信领域的迅猛发展。

我们现在已经有了千字节、兆字节、吉字节、太字节、拍字节、艾字节、泽字节、尧字节，而且这样的字节数还在不断增多，对吧？最后还有尽头吗？

也许答案就是“更多的信息”。事实上人们已经说过，我们身处信息时代。

此言有失偏颇！我们其实生活在一个数据时代。在一天的24小时，数据都在不间断地向我们袭来，而且越来越多的数据以越来越快的速度向我们袭来。统计显示，全世界每天发送的电子邮件多达 60 亿封。也许当你读到这一数字时，每天发送的电子邮件数已经上升到数万亿封了，更不用提手机了。现在的手机多到数不胜数。如果你想统计出全球到底有多少部手机，简直就是徒劳。

我们疲于和人沟通，就像机器人一样，不断地放射出意识流电波，使得数据流变得越来越多，而我们却不再多加分析。很少有人会关上门，关掉所有声音嘈杂的设备，正襟危坐，静静地反思，认真地分析一下问题。

在创作于 1931 年的《美丽新世界》一书中，阿道司·赫胥黎写道："人们不再孤单了……我们让他们讨厌孤独，我们安排好了他们的生活，因此他们不可能有机会产生孤独感。"

2006 年和 2007 年，很多商人最害怕的并非市场崩溃或是其他灾难，而是把自己的黑莓手机弄丢了。美国人很有可能都会变成一些驼背的"眯缝眼"，因为每个人都在低着头摆弄黑莓手机。他们想要得到一些新信息，他们想要把天下的信息都一网打尽。

我不敢确信基于网络平台的社交网站 MySpace 和脸书最终会给我们带来怎样的影响。它们很有可能会给我们带来积极的影响，我也希望如此。不过，这样的社交网站也改变了人与人之间交流的性质。人们对信息过载的感受越来越深刻，而人们面对面交流的温情却渐渐淡却。原本那种人和人之间简单沟通的本真已经丢失了，连孩子都无法免俗。现在很多孩子在一起玩耍都不像原来那般无忧无虑了，他们的生活也是结构化的。因此他们要先安排好玩耍的时间，就和一本正经的商务会谈一样，而当他们真正凑到一起时，他们并不直视对方，而是盯着游戏机的屏幕或是各自摆弄手中的小物件。

记得在一本杂志上刊载的松下笔记本广告中，一个人坐在车内，在笔记本电脑屏幕上打出这样一行字："这不仅仅是一台笔记本。当你让你的司机绕着大楼多开几圈时，你又多发了几封电子邮件。"

你能想象在这种人手下打工该有多可怕吗？谢天谢地，他只是松下笔记本广告中的虚拟人物。

如果我们不假思索地摄入海量信息的话，主要会产生以下三个问题。

1. 信息冲击综合征——大脑的极限

很多公司职员已经表现出了"信息冲击综合征"，他们对此抱怨不已，因为他们脑子里要消化的信息实在是太多了。2006 年的一项研究表明，公司职员平均每天需要收发 133 封电子邮件。

不仅如此，他们还要应对其他各种通信工具的轰炸。一会儿在这边收一个传真，一会儿又在那边收一条短信；刚在一个地方参加完一个会议，又得赶到另一个地方去开一个电话会议；刚在一个会议室看完幻灯片演示，又得赶到另一个会议室去看带视频的报告；刚急匆匆地赶回办公室，电话已经在响个不停；刚拿起电话听筒，口袋里的手机又开始震动。任何正常人敏感的神经系统都经受不起这种暴风骤雨般的信息冲击。

在某天下午 4 点 34 分到 4 点 35 分之间，彭博电视台财经频道播送了 12 条简讯，屏幕下方还有两个滚动新闻条和一组市场运行数据，主持人不间断的评论节目仍在继续。这样的情况每天都在发生。屏幕上的信息永不间断，主持人的嘴永不停歇，噪声永无休止。

加拿大的一项学术研究表明：42%的加拿大人表示，无休止的信息轰炸让他们感到疲倦；58%的加拿大人表示，因为信息和通信技术的发展，他们专注工作的能力大为下降了。同时，多家医学院的专家指出，人们在电话中交谈时想让自己的谈话“更加生动”，由此带来的听觉疲劳和声音嘶哑也成了一个日益严重的问题。

不过，有人在应对这种情形时，不论是在智力上还是在体力上，都显得游刃有余，他们还因此赚得盆满钵满。

之前，有一期《财富》杂志报道称，比尔·盖茨的办公桌上有三个电脑屏幕同时工作。因此，比尔·盖茨可以满足自己在屏幕之间拖拽内容的需求。第一个屏幕用来显示电子邮件，第二个屏幕显示的是他手里正在写的东西，第三个屏幕是他专门用来寻找各种信息的。

比尔·盖茨是电子通信方面的先驱。他是一个天才，尤其是在处理数据信息方面。他对整个社会进步起到的作用是难以估量的。不过，有一点也是肯定的：他让我们之间的距离变得非常近，近到只剩下点击一下鼠标的距离。

但是，我们大多数人都只是平凡人而已，通信技术并没有把我们解放出来，让我们能更集中精力思考自己的所作所为；相反，它让我们感到应接不暇和精力枯竭。荷兰社会学家艾达·萨贝利斯用“缓压”来描述在这种压力下的体会。缓压本来是指在长时间潜水之后浮出水面适应气压。同样，当我们长时间潜身于各种各样的信息里，也需要适当“浮出水面”透透气，舒适地靠在椅子上想想自己真正想要的东西。

有人说“信息多一点儿有什么不好”，但直觉表明这种看法并不正确。如果你有过在家附近商店的牙膏货柜前不知所措的经历，那么你就能深切地体会到这种麻烦：光是高露洁一个品牌就有十五六种不同的牙膏，每一种在清洁、美白和防蛀效果上都有细微的区别。这么多信息真是让你目不暇接。

如果你觉得牙膏还不够具有代表性，那么你不妨想象一下买一件科技含量更高的产品，例如一部新手机或是一台电视，可以挑选的种类那么多，简直让人头晕。

你想要一部可以拍照、储存音乐、上网、收发短信和播放最新连续剧的手机吗？你想要任何东西，这部手机都能替你一网打尽。你不妨随便登录上千个科技网站中的一个，或是找一家电器零售商的销售人员聊聊。你要了解的信息实在太多，要想做到无所不知是很难的。（聪明的销售人员知道这一点，因此他们很快就会把你的选择范围缩小。如果你让我从 12 条领带中挑出一条，我会感到无所适从；如果你要我从三条领带中挑一条的话，那我就挑蓝色的吧！）

在 20 世纪 70 年代初，一位心理学家给预测赛马胜负的记者们提供各种各样的信息，包括以往的战绩、马匹的体重、品种和其他信息。奇怪的是，当得到 40 条信息后，记者们预测的准确率比以往反而下降了。在很多情况下，少量的信息反而比海量的信息更加有效。

相互连接的全球化网络已经形成，不同通信设备之间也在进行沟通，不同团体之间也在互相联系，分享信息。如果要让这种沟通更有效率，那么整个体系就需要一种合理的架构。商业网络或许并没有像大楼一样有形的架构，但在某个关键的节点，必须有某种合理的导向来让商业网络中的信息朝正确的方向流动，为正确的目标发挥效力。

某个人或者某个团队必须用自己的智慧和思想引导这种信息流向。要促使信息为正确的目标发挥作用，必须有对未来富有远见卓识的人才行，光靠信息是不够的。事实上，我们所得到的林林总总的信息往往是互相矛盾的，因为某个群体达成的共识和个人的看法自然是不一样的。也许，全国范围的某次民调显示，人们想要更节省能源的房子，但是作为个体的他们都愿意盖一栋比现在大两倍的房子。

我相信科研的力量，但我觉得科研除了能给我们一瞬间的闪亮感觉和并非尽善尽美的印象之外，其实给不了我们更多的东西。钟形曲线图并不能告诉我们该怎样勾画未来，调查研究也不能告诉我们该怎样构建明天的梦想，因为没人知道明天到底会怎样。如果早期的汽车设计师询问人们到底想要怎样的交通工具，他们的回答可能是“更快的马车”。

如果你想失败的话，那就不要花时间去思考；如果你想取得成功的话，那就好好下点儿工夫去思考。思考是你对自己的公司、职业生涯和人生最好的投资。

当杰克·韦尔奇在通用电气公司的同事史蒂夫·贝内特成为

直觉软件公司的首席执行官时，公司有 10 条企业运营价值。史蒂夫 · 贝内特别的什么都没有改，只是把第九条企业运营价值改了一个字。原来的说法是“想得快，行动快”，他把这个说法改成了“想得透，行动快”。虽然直觉软件公司的发展一直顺风顺水，但在史蒂夫 · 贝内特领导下的业绩更为突出。花上足够的时间去思考确实很重要。甘地曾经说过：“如果我们只想让生活节奏变得更快，那是没有意义的。”成功并非只是让你的脚步变得更快，而失败者往往跑得过快。

2. 未经消化的数据会掩盖事实

在 20 世纪初，量子力学的进步推动传统物理学的革新。要想理解深刻的哲学思想，你并不是非得懂物理才行，因为要了解世界上方方面面的信息是不可能的。但是，海森堡测不准定律告诉我们，其实我们并不能对自己所观察到的现象百分之百确信，因为我们的测量结果会受到自己观察过程的影响。不久前，有几位物理学家的研究表明，我们对于海森堡测不准定律也不能过于迷信。

因此，当我们说自己“知道”某件事物时，我们最好还是警惕一些。

真正让我们陷入麻烦的并非那些我们根本不懂的东西，而是我们一知半解的东西。

——**马克·吐温**

（有些人认为这句话最早并不是马克·吐温说的，而是阿蒂默斯·沃德、拉尔夫·爱默生或是威尔·罗杰斯说的。我敢确定的一点是，最早说这句话的人并不是他们中的任何一个人，而是我叔叔韦恩，因为他说这句话的时候我在场。）

有些时候我们看到的只是我们想看到的东西，而并非事实，只是我们认为能代表事实的数据，或是那些我们想让其代表事实的数据。

有一种心理偏见叫作“肯定的陷阱”（confirmation trap），它指的是我们努力想证明自己的观点，而非找出自己观点中的错误之处。

安然公司蒙骗了很多人，包括公司内部的很多员工。他们之所以会受骗，只是因为他们对资产负债表中给出的数字并没有仔细揣摩。他们迫切地希望这些令人难以置信的“优秀业绩”是事实，因此他们完全忽略了其中可能会有水分。商业媒体也一样容易受骗上当，它们想要写出“热门”故事，而非事实。那些各种各样的伪造事实者一次又一次利用我们的弱点，蒙蔽了最有社会经验的一些人。他们知道，有时候我们有相信谬误而非事实的需要。

在20世纪40年代末，当百事可乐公司开始以5美分的价格销售双倍分量的可乐时，可口可乐公司的高层采用了鱼目混珠的做法，他们在季报中报告了公司销售数据，但这一数据远远领先竞争对手。问题是，一箱可口可乐里面只有24罐6.5盎司的可乐，而一箱百事可乐里面有24罐12盎司的可乐。但是，竟然没人问过：“如果我们卖的箱数更多的话，为什么百事可乐的总销售量还超过我们呢？”这个问题的答案使得可口可乐公司最后也开始生产大瓶装的可乐了。

位于美国底特律的几大汽车公司曾经也陶醉于汽车销售量，而没有关注全球汽车界发展的前景，它们甚至陶醉于汽车的质量。它们给自己制定了内部的质量标准，确定了围绕质量标准的一整套价值体系。当产品质量符合自己的标准后，美国的汽车公司就会拍拍自己的肩膀表示赞许。而日本汽车公司则没有所谓的标准，它们说：“让我们尽全力造出最好的汽车，让我们不断改进它。”日本汽车公司的目标非常直白，也非常崇高。

我现在对所有市场营销和商务管理方面的研究都心存疑虑。

这些研究自然有其重要性，但我认为，现在很多研究所关注的变量并不正确，而且进行这些研究的人员并不称职。

在这一方面，一个经典的例子就是可口可乐公司在 1985 年推出的新口味可乐。如果让消费者参与事先不知道产品味道的口味测试，在两种饮料的口味测试中，更甜的饮料往往容易获胜。这就让很多人形成了一种印象，那就是可口可乐不够甜。

但是，事先不知道味道的口味测试并没有充分展现可口可乐产品的全方位优势，因为它没有体现可口可乐的品牌形象和文化内涵。

在美国，百事可乐的销售量在不断增加，因此可口可乐公司的管理层，尤其是灌装厂的老板都想知道为什么百事可乐在超市里卖得比可口可乐要好一些。美国可口可乐公司的管理层也开始找原因，他们发现并不是广告或是配送的问题，因此问题出在别处。在别的地方找不到问题，这就让他们把注意力集中到已经生产了上百年的产品配方上。研究人员提出了一个问题：在可口可乐的配方中，有没有什么细微的不足之处需要改进？因此，公司就组织了声势浩大、有 20 万人参加的口味测试，测试的结果直接反映出可口可乐的甜度有问题。而事实上，甜度根本不可能成为问题，表面的数据掩盖了事实。如果你不能提出切中要害的问题，那么即便你为了做一项研究跑遍了全球也是徒劳。真正的问题在于，这个百年老品牌中需要注入一些新的激情。新口味的可口可乐确实给这个百年老品牌注入了新的活力，但新口味可乐的推广战略也让公司付出了惨重的代价。

公司的成本预算也受到信息过量的干扰。在位于亚特兰大的可口可乐公司总部里，预算专家整天都埋头于海量而又无用的信息之中。他们自己却不这么看，依旧每天都在搜集这些信息，并按照公司内部的一些财务方法进行计算。例如，“矿泉水销售业务部去年在店内推广上花了*X*美元，因此明年这项费用应该是*X*加上*Y*美元，我们要做好相应准备”。负责财务预算的经理对公司的总体运营情况根本就是只见树木，不见森林。

在20世纪60年代末、70年代初，来自休斯敦的可口可乐食品公司的几个高管调到了公司总部，我也在其中。我们的优势就在于都是外来的和尚，我们看问题的角度和其他高管不一样，也容易识别庐山真面目。我们对于很多问题都能不带感情色彩地判断，也愿意花一些时间来考虑一下公司的整体运营情况。

我们看到的屋里的家具和别人看到的是一样的，但是我们还能看出来如果把沙发再挪动一下，整体的摆放效果就更好了。

3. 不花时间去思考是愚蠢至极的做法，有时候还会很危险

"向前冲，轻骑兵！"
可有人丧气？没有。
尽管士兵们知道，
是错误命令。
他们可不能抗命，
他们可无法弄清，
只能奉命去牺牲。

——**阿尔弗雷德·丁尼生**[①]

轻骑兵之所以冲进死亡谷，是因为他们的领导并没有花上片刻的时间去思考，士兵们只是盲目地跟着向前冲而已。为团队安危考虑的重担不应该落在士兵头上，而应该是落在领导头上。有一个道理虽然简单，但是我们有必要强调，不论在任何阵地上拼搏，战场也不例外，如果只是像滤网一样过滤一些信息，根据过往的经验而非仔细权衡就仓促下结论的话，那么我

① 阿尔弗雷德·丁尼生（1809—1892），英国诗人。——译者注

们是很难打胜仗的。

深思熟虑并不是浪费时间，而是必要之举。歌德曾经说过："行动容易，思考不易。"行动往往有其惯性。我们崇尚理性，但我们受制于自己的情绪，因为我们毕竟都是情感动物。我们一旦兴冲冲地想去做某件事，就很难停下自己的脚步了。我们在做决定的时候往往会有群体思维倾向，如果某人想要做成某件事的话，那么受群体思维影响就难以避免了。

在公司并购的战场上，几千万美元甚至几亿美元的大单子比比皆是。当并购的擂台被打造得热热闹闹，其他各路买家也纷纷登台打擂后，要想让这次擂台比武停下来就很难了，因为有人志在必得！他们想要品尝胜利的美妙滋味。所有的现金堆在桌子上。打擂的好处已经不言自明，最后所有参与者除了要赢得比赛之外，什么都无所谓了。商讨并购的会议室里传来了极端自恋者的咆哮声："就按我说的办！"他想体验并购结束后在新闻发布厅里被相机包围而飘飘然的感觉，他想享受自己的名字出现在《华尔街日报》头版头条的那份荣耀。这些荣耀实在是让人太难以抗拒了，因此他们说服自己，花费的金钱越来越多也是在情理之中的事，即便这个钱数成了天文数字也无所谓。约翰·梅纳德·凯恩斯早就说过，人类具有"动物精神"。不管那些商人承认与否，凯恩斯的这番洞见还是一针见血的。

我们不妨来看看近年来的并购案例，戴姆勒和克莱斯勒，时代华纳和美国在线，凯马特商场和西尔斯百货，桂格燕麦公司和斯纳波公司，你觉得这些公司应该合并吗？其实他们本可以预见到并购的效果是差强人意的，但他们还是毫不回头地进行了这样的交易。公司的高层似乎根本没有想过并购后会有什么结果。诚然，收购各方的短期利益是要考虑的一个因素，但也需要有人能够预见这种决策的长期影响，并在公司的每次决策中为股东的利益和声誉负责。

除非有人能停下来想一想，否则一再犯同样的错是非常容易的。这是避免失败的良方。如果出现了某种失败的局面，你不妨在身边找个替罪羊、找个借口或是惩罚别人。那样的话你就不用真正静下心来分析失败的原因了。成功的医院会定期召开会议分析病患死亡的原因。医院的失败是性命攸关的，但大多数公司的经营并不会产生这么严重的影响。每一次失败都给我们提供了一个反思的良机，让我们去总结一下某个技术转变的细节为什么不够成功，或是某句营销宣传口号有什么失误的地方，并尽量客观地指出到底什么地方出了错。

任何真正干实事的公司管理层势必会经常犯错。但是，如果你真想失败的话，就没必要对每个错误进行反思和总结，这样的话你还会犯同样的错。

如果你决心要摔跟头的话，那你千万不要花时间好好思考。还有一种做法也能让你摔跟头，而且这种方法很诱人，那就是你不要去承担任何责任，你可以找别人来背黑锅，那就会让你……

第七诫

自己不去把握，完全信赖专家

了解一些问题比知道所有的答案更好。

——**詹姆斯·瑟伯**[1]

在我十几岁的时候，夏天就在苏城的农场帮忙干活，久而久之就和一些买卖牛的商人混熟了。有一天，他们中的一个人让我帮他买卖牛。公牛一头头地运进来，散养在农场里。如果公牛没有生育能力，就会被宰掉卖肉。对于大多数商人而言，如果花费大量时间在这处农场挑上一头牛，再走到别处农场挑上一头牛，这种做法并不划算。不过，如果你是一个精力充沛的学生，又愿意花上一整天时间在农场转悠，挑上 15—20 头牛塞

① 詹姆斯·瑟伯（1894—1961），美国幽默作家、寓言作家、画家。——译者注

满你带来的货车，那你一天也能挣上一笔不菲的佣金，大约有20美元。

暑期打工时，我成为多伊尔·哈蒙的帮手，他是密歇根著名的橄榄球运动员汤米·哈蒙的叔叔。在我干了第一天之后，他来看我买了些什么牛。结果他发现有好几头牛我出的价钱太高了。多伊尔·哈蒙提醒我，现在我已经是个商人了，因为我还很年轻，所以农场主总会千方百计地讲好话给我听，对我示好，分散我的注意力。他给我列出一张表，上面写着挑选牛的标准。他告诉我，不管别人说些什么，自己始终不能偏离这些挑选的标准。他说："关键是要看牛，而不是看人。"

这句简单的话从此就烙在了我的脑海中，哪怕今天我和投资银行打交道时，这句话都让我受益无穷。我总会力争把产品和推销者的演讲分离开来。这听起来容易，做起来难。不管你认为自己多么有社会经验，如果你一不留神，把注意力从牛身上转移到商人身上的话，那你就有可能对一家糟糕透顶的公司进行投资。在第六诫中，我曾经提醒过大家，如果你不花点儿时间用来思考的话，你肯定会栽跟头的。同样，如果别人的阿谀奉承之辞能把你送到云里雾里的话，那么你会跌得很惨。在各个行业中，你都能见到有些马屁精把说好话当成一种销售手段。

也许你觉得我把这些人说成是马屁精有点儿过分，大多数人要推销他们的营销经验、管理战略或是一家新企业的时候，态度往往都是真诚的。他们往往很有资历，而且看起来很有权威。他们在推销的时候往往胸有成竹，而且经常借用华丽的幻灯片演讲稿。尽管他们解答了问题，但有一个关键性的错误之处，那就是他们回答的问题并不对。

对于那些经常会听到各种动人的管理咨询演讲的人来说，“关键是要看牛，而不是看人”这项建议是很有用的。

可口可乐公司这些年来也碰到了一些非常自以为是的专家型人物，有些是公司的内部员工，有些是公司外聘的顾问。有时候，我们会接受他们的建议，尽管本能判断告诉我们最好不要这么做，但我们毕竟还是一些会犯错的凡人，总有耳根软的时候。

多年来，这些顾问一直建议可口可乐公司需要多元化经营。他们说，公司核心的可乐和果汁业务让未来经营难以具备战略性发展，因此公司需要收购那些和我们主营业务兼容而又不同的其他业务。这些顾问也提出建议，收购一家非常好的红酒公司。可口可乐公司听从了这些顾问的建议，就收购了这家红酒公司。

毫无疑问，红酒业确实富有魅力。这家公司有多位管理精英，公司有一个独立的品牌叫“红酒家族”。可口可乐的经理们喜欢在公司的各种聚餐和鸡尾酒会上品尝自己的红酒助兴。不过，这家红酒企业并没有得到可口可乐公司最高层的重视。对于他们而言，买下这家公司只不过是买了一只宠物而已。

当时，罗伯特·伍德拉夫已经80多岁高龄了，尽管他并不参与公司的日常决策，但他对公司的影响力依旧很大。他决定亲自去看一看这家“自己”买下的公司（直到他辞世前，伍德拉夫先生一直认为可口可乐是自己的公司）。

因此，这位受人尊敬的绅士带上自己的医生和几个朋友，搭乘一架公司的专机来到了加利福尼亚州。回来之后，他和当时的首席执行官郭思达以及我一起吃了顿中饭。我还清楚记得他当时说的话：

> 确实，红酒业让人感觉挺有意思的，于是我去了一趟加利福尼亚州的葡萄园。
>
> 葡萄藤要过上五六年才能成熟、结果，在这几年里，需要有人专门伺候葡萄藤，还要祈求风调雨顺，能让葡萄丰产。最后，如果一切顺利的话，他们才能把葡萄摘下来，然后送到加工厂榨汁，再把葡萄汁放进巨大、造价高昂的不锈钢桶里发酵。接着，他们把葡萄汁从这些不锈钢桶里灌装到很多体积小一些的橡木桶里，这些法国原产的橡木桶进价不

菲，单价在55美元左右。葡萄酒就在这么多昂贵的橡木桶中贮存一段时间。与此同时，15%的葡萄酒还因为挥发浪费掉了。

葡萄酒就这样发酵一段时间之后被灌装到瓶子里，厂家在灌装每一瓶酒的时候都需要付税，然后把灌装在瓶中的酒再放置一段时间。有可能你会把这些酒放上几年，如果一切顺利而且酒质不错的话，那么你就可以把葡萄酒送到零售商场，和商场中几百种葡萄酒摆放在一起。到了这一阶段，你终于可以向上帝祷告了，希望顾客能从这几百种近似的葡萄酒中选中你酿造的那一款。

而我们可口可乐公司早上把产品灌装好，下午就能把可乐卖到很多地方，而且做的是独家买卖。看来，我们的这个行业真是不错。

当天，罗伯特·伍德拉夫同郭思达和我达成了共识。尽管很多顾问都把红酒业的前景描述得天花乱坠，尽管我们已经购买了这家美国红酒企业11%的股份（这可是一个不小的份额），但我们还是决定深入了解它。1981年年初，在收购“红酒家族”后没多久，我们就和公司的管理层进行了沟通。

我们让红酒公司的管理层假设，从当时到1990年，他们所做的每个决策都是完美的。我们让红酒家族的高管用很高但又能达到的销售量和利润预测到 1990 年我们的投资回报。如果我们得到这个预测，就可以更好地决定是继续经营这家公司，还是把它卖掉。我们向这些高管保证，即便我们把红酒家族卖了，他们也能在可口可乐公司里有一席之地。

红酒家族的每位高管的结论都是，即便经营顺风顺水，最后的投资回报最多只能和我们的资本支出持平。这让我们陷入了沉思。我们真的还想要这个企业吗？

那我们又该怎么办呢？

可口可乐公司这些年来一直很幸运，我们刚刚得出结论，不知该怎样从红酒业中赚得可观的利润，施格兰公司[①]的人打来了电话，他们对我们的红酒公司感兴趣。我们“很不情愿”地和他们进行了谈判，最后的交易结果双方都很满意。

如果不看牛只看人的话，你就注定会失败，我就这样栽了跟头。

当可口可乐美国分部的管理层向总部提出新可乐的方案时，他们让我们好好关注一下这个方案。这一次，郭思达和我听信了顾问和专家们的建议，参与者人数众多的美国市场调研结果似乎向我们证实，采用一种新配方的产品势在必行。在经过几周时间

① 施格兰公司，全球最大的酒类公司之一。——编者注

的讨论、争辩和商谈之后，郭思达和我表示支持这项计划。他们向我们证明，改变产品口味将极大地提高我们的竞争优势。

接着又是紧锣密鼓的测试、更多的专家论证，公司对重点顾客群和市场进行了测试，又进行了随机产品测试。这些市场调研的结果都向我们表明，新可乐总是更受欢迎。郭思达和我的本能都是觉得不要变动这个美国百年老品牌，但是专家们的论证让你不得不听。因此，决策过程也就成了我之前提到的群体思维。不管你喜不喜欢，这个决策成了团队决定，因为它听起来如此吸引人，而且那么多人都认为它是正确的。新可乐势头如此强劲，因此管理团队中没有哪个人想给它泼凉水。尽管心里还有一丝犹豫，但郭思达和我都开始为新可乐的上市推波助澜了。我们对这一新战略都是全力支持的。对于所有参加这次历史性变革的成员而言，心中的那份喜悦和期待是不言自明的。

1985 年四五月间，公司在美国大张旗鼓地推出了新可乐。为了给推广行动制造声势，我们在游行时加上了鼓乐队和其他所有能想到的噱头。

这在当时确实声势惊人。也许在世界历史中，它并非那么重要，但在当时确实成了全世界的重要新闻。

公司刚刚宣布了推出新可乐，投诉电话就让公司的电话完全占了线。在短短几周内，我们就收到了 40 万次通过电话和邮件形式进行的顾客投诉。不过，公司聘请的专家让我们坚定自己的方向。

一位来自美国爱达荷州的律师写了一封信给郭思达和我。上面写道："两位先生，你们能在这封信的结尾处签上大名吗？这样一封有你们签名的信件马上就能升值了。因为签名的两个人是美国历史上最傻的两位高管。"收到这种来信也够让人感到害臊的。

连远在西雅图的民众都举行了游行示威，其中有一个叫作"美国老可乐爱好者协会"的组织发动了5 000人对新可乐进行抗议。在《今夜脱口秀》节目中，主持人约翰尼·卡尔森讽刺说，现在传统蒸松蛋糕的配方要改了，里面要加点儿菠菜汁才行。

美国的一些灌装厂老板本来对这次口味改变是最欢迎的，但后来他们跟我们说，自己打不了高尔夫球了，因为在当地的俱乐部总是有人向他们抗议，新可乐让这些抗议者十分恼怒。灌装厂的推销人员都不能踏进当地的商店了，因为只要一进去就有人会辱骂他们。有很多人会开着卡车去商店，成箱成箱地购买老可乐，当时抢购的场面可谓壮观。

公司聘请的营销专家告诉我们，新可乐的成功只不过是时间问题，新可乐肯定会取得巨大的成功，至于抱怨者，就让他们发牢骚去吧，这只不过会让公司的名字更频繁地见诸报端。

7 月底，郭思达和我在摩纳哥同公司在全球最大的 25 个灌装商开完会后，到附近的一家意大利餐馆同太太一起吃饭。估计有人告诉了老板我们是可口可乐公司的，等我们落座后，老板就拿着一个柳条篮来到我们桌旁，篮子上还盖着一块红色的天鹅绒布。本来这个篮子是盛放上等红酒的，当老板把红布掀开后，里面放的却是一瓶老可乐。他用不流利的英文骄傲地对我们说："这才是真正的可乐呢！"他那神情好像手里拿着的是一瓶上好的白兰地。尽管营销专家跟我们说得也没错，批评新可乐也是给老可乐做的一种免费宣传，但是这一刻我们还是陷入了反思。

然而，真正说服我要改弦更张而不再固执己见的是一位 85 岁的老太太。她从加利福尼亚州科维纳的一个疗养院哭着给我们打来电话，当时我刚好在客服中心，所以是我接的电话。她在听筒那边哽咽着说："你们抢走了我的可乐。"

"您最近一次喝可乐是在什么时候呢？"我问道。

"哦，我记不清了，估计是在 20 年还是 25 年前吧。"

"都过了这么久了，您为什么还这么难过呢？"我继续问道。

"小伙子，你们在亵渎我的青春时光，你们再也不要这样做了。你们难道体会不到老可乐对我有什么重要含义吗？"

事实马上变得很清楚了，我们所涉及的根本不是什么口味问题，也不是什么市场营销问题。所有的专家和数据都在误导我们，其实这是一个很深刻的心理问题。一个品牌的定义并非你我脑子里所想的含义，它其实是每个消费者心中所想的形象。因为各个国家都有很多消费者在喝可乐，因此它的定义在每个人心中都不一样。

我得出结论，我们即便花上一大笔钱，也没法让新可乐的市场推广取得成功。郭思达最后也得出了同样的结论。美国的消费者已经把自己的意愿表达得很清楚了：老可乐是他们想要的产品，现在他们想要阻止它的消失。我们也同意这一观点。我在电视上宣布，公司会重新生产老可乐，并把它命名为“经典可乐”。美国广播公司的王牌主持人彼得·詹宁斯在热播连续剧《综合医院》中插播新闻，称可口可乐公司将重新生产老可乐。每一家大型的广播电台和电视台都把这一新闻当作头条来报道，各大报纸也把它写成了头版头条。

美国人兴奋得手舞足蹈。我们收到了很多鲜花和表扬信，整件事情的峰回路转和圆满结局很像好莱坞导演弗兰克·卡普拉的经典影片。一家大公司做出了决定，消费者强烈抗议，公司退让，消费者赢得了胜利。消费者重新得到了他们想要的可乐，公司的销售额也一路飙升。消费者不仅原谅了我们的决策失误，还对我们褒奖有加。也许，政客能从这次事件中得到启示：如果你承认自己犯了错误，承认自己并不是战无不胜，那么你反而能得到好处。其实美国民众是很宽容大度的。那些建议我们采用新可乐配方的专家继续去别处“帮助”其他人了。

这次事件对于普通民众有什么借鉴意义吗？它向我们证明：我们根本无须热情欢迎那些所谓的“专家”。

菲利普·泰特洛克多年来都一直在关注专家们对于世界政治的判断。他写道：“很多专家预测苏联共产党在 1993 年还能稳坐江山，加拿大到 1997 年将面临危机，新法西斯主义将在 1994 年笼罩比勒陀利亚，欧洲经济与货币联盟将在 1997 年崩溃……海湾危机能和平解决。”菲利普·泰特洛克发现，这些专家对自己的判断往往有八成的把握，而实际上他们正确的概率只有 45% 左右。他们掷硬币下结论的准确率都比自己判断的准确率更高。

菲利普·泰特洛克在跟踪观察这些专家的过程中发现，尽管大量证据表明这些专家判断错了，但他们对自己关于局势的判断依旧是信心满满。他们给自己想出了一大堆理由，例如“我的判断基本正确”“我判断的情况还没出现，但总会出现的”“地震等不可抗因素影响了判断”“基于我所给出的数据，我的分析是正确的”。

10 月到了，一个印第安部落的酋长认为当年冬天会很冷。因此，他就让部落里的人去捡柴火。为了验证自己的判断，酋长特意给国家气象台打电话，向一位气象学专家询问当年的冬天会不会很冷。气象专家说："根据我们的预测指标，我们觉得今年冬天会冷。"因此，酋长就让部落成员去捡更多的柴火来避寒。一周后，酋长又给国家气象台打电话，气象专家确认说严冬就要到来。酋长让部落成员不要放过能找到的每一根柴火。半个月过后，酋长又给国家气象台打电话，问那位气象专家："你确信今年冬天会很冷，是吗？"专家答道："当然确信咯，因为现在印第安人正发疯似的在捡柴火呢。"

一些专家的判断一错再错，但他们依旧四处活跃，不断冲进企业和政府大厦，兜售一些所谓的专家新发现、新预测、新术语和一些"新思想"。

我们看到了多少狂热的商业理论？X理论、Y理论、目标管理、一分钟管理、全面质量管理、巅峰绩效、赋权、缩编、提速、减速……

这些专家在不断"再造"，而他们"再造"的主要对象就是我们所使用的语言。最近，我听到一位经理人在谈论一个新说法，叫"非雇用"员工。

什么是矩阵管理？我的看法是，因为有了矩阵模型，一个员工就可以向三个甚至更多个经理人汇报工作了。

在互联网泡沫破灭前夕，我听到很多人在谈论"资金消耗率”。其实，这指的就是我们常说的花别人的钱——那些花了就收回不来的钱。

这些时髦用语让人感到有些可笑，但如果想想我们对专家的顶礼膜拜会导致的严重问题甚至会让我们兵败滑铁卢，我们就笑不出来了。

我们不妨回忆一下约翰·梅里韦瑟和他所打理的美国长期资本管理公司。

在人们急功近利的20世纪80年代，约翰·梅里韦瑟可谓是急先锋，他率领的一个证券交易团队负责为所罗门兄弟公司创造利润。1994年，他和两位诺贝尔经济学奖获得者——迈伦·斯科尔斯以及罗伯特·默顿创立了长期资本管理公司。该公司的投资组合风险极高，这就是所谓的对冲基金。它的客户都非常富有。它提出的投资理论虽然外人很难完全参透，但赢得了很多拥趸，因为这种投资理论看来永远不会失败。在公司创立后的最初三年里，公司盈利之丰厚简直让人难以置信。截至1998年年底，公司一共投资了大约900亿美元，其中大多数资金都是借来的。尽管这是笔巨资，但是没有任何人担心，因为掌舵的专家知道自己到底在干些什么。

当长期资本管理公司最终破产之后，纽约联邦储备银行只得匆忙干预，召集了一个债权人财团来防止金融体系的崩溃。因为这种悲剧一旦发生，就会冲击价值数万亿美元的金融合同并影响全球市场的信心。

这三位专家设计并成功推销出去的“杰出”体系最后被证明不过是一场赌博游戏。但是，因为人们很愿意相信专家，他们几个人设计出的荒唐闹剧最后骗过了华尔街一些最精明的投资人。

2007年的记忆离我们就更近了，美国的金融体系陷入了危机，很多投资人采用的统计模型低估了次级抵押贷款的危险。人们对此的解释是“模型错误”。

其实，这并不是什么模型错误，而是人为错误。任何有健全思维的人都能预测到，大规模贷款给没有任何偿付能力者的做法是很糟糕的。金融界的天才们不断地在海市蜃楼中播下魔豆，而当这些魔豆没有成长为摇钱树后，每个人都显得很惊讶。这种想法未免也太天真了吧！

这种推崇天才的狭隘洞见造成的结果往往是弄巧成拙。

这一点在管理大型企业的时候显得尤为突出。管理是一门艺术，而不是一种科学。如果遇到那些想要量化人类行为的专家，你就要保持警惕了。可口可乐公司有些经理人和顾问把员工仅仅当作数字来看待，这些人做得并不成功。你并不能用数字来衡量一切。在我看来，这种做法是一种缺乏想象力的表现。

这些年来，我遇到过很多专家想要把某个公司和它所处行业的其他公司进行对比、分析，并根据行业内的平均情况提出利润最大化方案。其实这是一个非常糟糕的错误，因为行业中的每个公司都应该力争标新立异，让自己变得与众不同，而不是随波逐流。我从来都没把可口可乐公司当作一家软饮料公司，在我脑中它就是可口可乐公司。正如公司里的前辈所认为的一样，行业内的其他公司并不是我们的“模仿者”，因为它们出售的并不是可口可乐。

在忙碌了一整天，听了许许多多的营销专家和财务专家在我办公室里侃侃而谈之后，我发现自己开始越发相信经济学家路德维格·冯·米塞斯的名言：“统计数字……充其量只能告诉我们那些不可重现的历史。”

我必须承认，那些对自己权威地位不确信的领导人会召集外部专家和顾问来附和已经达成的决定。克莱斯勒公司发生的故事总是让我感到很有意思，在公司的创始人沃尔特·克莱斯勒去世后，公司的经理人对自己极度缺乏自信，他们甚至举行降神会来营造一种衣钵相传的感觉，并猜度一番：如果公司创始人还健在的话，又会采取什么措施。不过，我们看不出任何迹象显示这些经理人能够做到上追古人。如果他们真能和公司创始人做到心神相通的话，估计他们都要被解雇了。

如果经理人涉足公司并购和缩减业务所带来的重组，那么他们势必会碰到令人头疼的裁员工作。有时候，这些经理人并不是选择同被裁员工坦诚地进行沟通，而是把责任推卸到外部的某家咨询公司身上。我觉得这简直就是懦弱至极。如果你认同某项新的商业计划，那么它就是你的孩子，你要因此负起责任。到了最紧要关头，你却不愿承担责任，而是把职权移交给某位外聘专家的话，那么你推行的商业计划也不可能取得成功。

我在公司定了一条规矩，包括解雇员工在内的消息都不允许用电子邮件、备忘录或是打电话的方式通知对方。对任何会给人造成心理冲击的话题我们都应该当面与人沟通。

在杰克·韦尔奇给通用电气公司股东的最后一封信中，他写道："要憎恨组织里的官僚作风。"这也引出了我的下一诫。

第八诫

行政作风盛行，团队臃肿

1973 年，当我从休斯敦搬到亚特兰大，到可口可乐公司的总部担任执行副总裁时，跟随我多年的秘书弗洛伦斯·卡里诺沃斯基也跟我一起来到了亚特兰大。她提前几天到了总部为我布置办公室。但当我见到她的时候发现她满脸都是泪水，连给我布置办公室这么简单的事都做不到。

为什么呢？

因为她找不到几支想要的铅笔。

在相对规模更小、组织结构没有那么森严的公司休斯敦分部，如果弗洛伦斯想要铅笔的话，她只要直接走到办公区尽头的库房领取就行了。在亚特兰大，她想用几支铅笔，别人告诉她必须先填写申请单，而她手里没有申请单。当时已经临近下班了，管理申请单的人已经下班走了，她最后的希望也泡汤了。两天以来，她在总部里一直忙上忙下地安装复印机、连接电话线、更换文具，还要了一个更大的文件柜，中间经历的波折让她满腹心酸，终于忍不住哭了出来。

“我什么事也做不了，”她向我哭诉道，“我都找不到和我买的订书机大小合适的订书钉。”

我把她送回了家，又给太太米琪打电话，对她说当天没有心情工作，我们不妨早点儿吃晚饭，然后一起去看一场电影。

如果你想一事无成的话，那就让行政流程占据主导地位好了，去崇尚官僚主义就行了。

“官僚主义”这一说法最早出现于18世纪的法国经济学作品，其中“官僚”指的是官员的办公室，而“主义”指的是规矩。很多19世纪及20世纪初的政治科学家和社会学家曾经热议过官僚主义的利弊。苏格兰作家、哲学家托马斯·卡莱尔就把官僚主义贬斥为“欧洲大陆的通病”。

但是，也有人认为官僚主义是好东西，甚至是必要的。从历史的角度来看，官僚主义来自运营大型企业所需要的行政事务。

在原始社会，我们假设领导者之所以能一呼百应，仅仅是因为他们的个人魅力。就像毛利战士一样，如果你的眼中流露出足够的勇气和威严的话，你就能成为酋长或是首领。然而，随着社会变得日益复杂，仅仅依靠领袖的个人魅力已经不够了。显然，如果没有借助某种形式的官僚主义机构，古代中国、埃及和罗马都无法建立起他们的帝国。即便是在奴隶社会，残忍的力量也无法确保每个细节都完美无缺。

在20世纪之初，德国社会学家马克斯·韦伯指出，经过一段时间的发展，大型社会组织会形成等级制的权威体系；书面形式的法规、专业化的训练以及最重要的、带有官衔和特定职能的行政部门出现了。

人类的发明创造中，最让我感到惊异的是那些我们现在已经熟视无睹的事物，因为我们已经拥有它们很久了，因此对它们已经习以为常。例如几千年前，到底是谁想出了使用钱这个主意呢？这是多么聪明的一个点子啊！拿上一点儿金子、银子、贝壳或是珍珠，就可以用来交换物品（在后面的章节中，我还会谈到钱）。

在我看来，官僚体系下的各个行政部门也一样，是杰出的发明创造。

马克斯·韦伯更看重官僚主义体系的工具性，而非其有效性。然而，在现代复杂的社会有机体中，如果没有这些行政部门的存在，整个社会的运转都会陷于停滞。不论是在政府还是在大公司里，我们都能见到一个又一个名目繁多的行政部门和领导，例如负责销售事务的副总裁、负责产品配送经理以及人力资源经理等，他们的头衔都整整齐齐地标记在公司的组织结构图上。每个部门里都有一些安排得井然有序的员工，他们在执行各个部门的特定职责。这种社会秩序真是很美妙——铁打的营盘，流水的兵。人在变，然而各个部门的职责并没有变。我们必须有能力让这种权威得以延续。

我经常说，自己所拥有的任何权威和影响力都来自名片上的职务——“总裁”，而不是来自名片下方自己的名字。这个职务的重要性由名片上第二个名称——“可口可乐公司”来决定。在整张名片上最不重要的称谓其实就是我自己的名字。

我说的完全是事实。

不过，我也认为，如同机械一般精妙的组织构架不应该成为阻碍个人发挥创造力和生产力的拦路虎。

个性、个人的创造力、个人感触、个人的情感投入、个人的想象力，这些都是开展每项工作不可或缺的品质。在整个组织中我们必须提供这些品质成长所需的沃土。

大型组织的领导者开展工作就像是在走钢丝。在每个公司中，为了让一切都变得井井有条，就必须有各式各样的规定和惯例。长此以往，这些规定和惯例就变得比它们所应当达到的目标更重要了。规定和惯例变成了冰冷、陈旧的条条框框，反而成了扼杀组织活力的绊脚石。

控制这些条条框框的官僚们则誓死捍卫这些规定和惯例，因为他们觉得任何挑衅这种权威的做法都会削弱他们的权力。这些官僚们逐渐成了阻碍所有进步的力量，他们的做法也注定会导致失败。

这些官僚们还一个个做出一副忙得昏天黑地的样子！他们整出一大堆内部报告和备忘录；他们在自己身后摆起一排排文件柜，里面堆满了成千上万封电子邮件和备忘录的打印稿；他们忙到夜里才回家，嘴里还不住地抱怨自己工作有多辛苦，而事实上他们一丁点儿创造生产力的工作都没有做。在这种企业中，经营不失败才怪呢。根据造纸业几年前的统计，美国每年消耗的办公用纸多达 5 000 亿张。至于 2007 年美国到底消耗了多少办公用纸，专家们还在忙着统计呢。我倒想问，到底什么人把什么内容复印了给谁看，需要一年用掉这么多纸？我觉得借助了电子邮件，大家根本没有必要使用一张打印纸。

（看到施乐公司是怎么发家的了吧？）

早年帮助父亲打理农场生意的经验告诉我，如果你把适量搭配的公牛和母牛放在一起的话，你就会得到很多小牛犊。官僚机构的衍生法则也很近似：如果你安排了一个经理的话，那么过了一年半他就需要一个助理了，再过一阵，助理就变成助理经理了。那又会出现什么情况呢？他也需要一个助理了。这种衍生法则会一直持续下去。

在经理之上还有更高层的经理，但是当客户打电话时，却找不到一个真正能管事的，因为这些经理都在开会。这些会议进而带来了更多的文件、电子邮件、电话和会议。大家经常还会召开预备会议来为会议做筹备。会议正是庞大官僚机构的宗教仪式，而官僚们则对这种宗教仪式乐此不疲。

当我在休斯敦的可口可乐食品公司工作时，在那里见不到什么官僚主义。这是一个年轻的公司，由邓肯食品公司和美汁源公司合并而来。领导公司的查尔斯·邓肯是一位苏格兰籍移民者后裔，也是一个强悍、聪明而节俭的企业家。他痛恨官僚主义，竭尽全力使得公司的一切都能处于他的掌控之中。在可口可乐食品公司，总裁和门卫之间可没有 5 层经理人的级别。整个公司运转快速、高效，我认为也创造出了很多效益。

后来，查尔斯·邓肯出任可口可乐公司总裁，随后又成为卡特总统的内阁成员。当他让我去亚特兰大负责美国软饮料业务运营时，他提醒我，我很有必要对尾大不掉、积习难改的可口可乐公司总部进行大刀阔斧的精简改革。他说得完全没错。

我一来到公司总部，得知弗洛伦斯因为拿不到铅笔而泪眼汪汪的情形之后，就学到了新的一课：在一个庞大的官僚机构里，人们永远不会对你说不，而你想要什么，却不一定能拿得到。

当我来到可口可乐公司美国总部大楼后，我发现电梯间的一块小地毯已经磨破了，便让弗洛伦斯给维修部的人打电话叫他们来换一块地毯。过了几个月之后，我又和弗洛伦斯提起来好像没人更换过地毯，弗洛伦斯说是没有来换过，因为他们还有其他的维修工作，不过换地毯的事他们已经写入日程了。

一年后，当我成为可口可乐公司美国分部的总裁后，我又提起来地毯还是没有换过。别人跟我说，现在维修部就快要来换地毯了。两年后，当我从可口可乐公司美国分部调任至公司总部后，电梯里的地毯还是没有更换。但是，维修部从来都没有当面拒绝过我，也从来没有说过一个“不”字，只是我们怎么也得不到一块新地毯。

如果你想阻碍进步的话，那就让行政流程占据主导地位好了，去崇尚官僚主义就行了。

每个组织内都有外人难以逾越的障碍，这种盘根错节的官僚体制在其他组织的任何人，甚至是高层经理看来都是很难跨越的峡谷。不仅如此，你还不敢冲撞那些官僚体制的卫道士们，因为惹恼了他们的话，他们提供服务的速度就会更慢了。几年前，当复印中心成为办公室里最前卫的创新地标后，所有文件都需要在几台大型复印机上批量复印。可以想见，很多瓶颈就开始影响复印工作的效率了。很多情形下，负责复印流程的人简直就成了滥用权力的暴君。你即便想得到最简单、最普通的服务，也得跟他们说尽好话才行。

同样的情形在官僚体系里的每个部门都存在，你做事千万不要越过这些头头们。如果你没把负责出差事务或是供应文件夹的部门负责人放在眼里，那么以后就有你好受的了。结果是，要想从他们那里得到任何服务，哪怕是一张票或是一个文件夹，你都要和他们做个人斗争。不久前，《华尔街日报》上有一篇文章正是批评这种办公室里山头林立的局面的。记者雅里德·桑德伯格描述了一家规矩烦冗的采购公司。在这家公司里哪怕你领取最小的物件，都需要填写申请单。有一次，办公室的一位女秘书手里没有申请单了，但当她来领东西时，负责人还是冷冰冰地对她说："先填一张申请单。"

机构僵化的官僚体制是让人很受挫的，因为这些官僚们不仅自己不作为，显然还阻碍其他人开展工作。官僚们都竭尽全力地保护着自己的那一亩三分地，因此他们会阻止信息的有效沟通，也会把本来能成的事给你搞砸，这样就能巩固他们自己的地位了。

商界的旧式法则——"你的成功就是我的失败"，在官僚机构里体现得淋漓尽致，你甚至都能嗅到血腥味儿。竞争是人类的本能，但竞争的起因越是琐碎，竞争的性质越是荒诞，这种竞争就越不利于进步。

整个机构就像《格列佛游记》中的情景，它被成百上千个小人国的侏儒给拴住了。这就好像有人发明了一种新的游戏，游戏的名称叫作官僚主义，游戏的规则也不难：大家都围站成一个圈，谁要是先出风头，谁就算输了。

如果你想让最好的人才都流失的话，那就让行政流程占据主导地位好了，去崇尚官僚主义就行了。

人力资源专家告诉我，如果一个中层经理辞职，那么重新招聘和培训的费用至少是他年薪的两倍。显然，如果能够留住人才，那是非常划算的。当我在可口可乐公司的时候，我们竭尽全力想要留住优秀人才，大多数公司也在努力这样做。我们是一个国际化程度很高的跨国公司，一些员工被人挖走也是难以避免的。但是，如果得知某位我们重视的员工心存不满的话，那么我们就会快速行动起来，找出原因并扭转局面。有时候，我们得到的信息不够及时，因此在我们能够采取行动之前他就已经离职了。每个人都有无能为力的时候。

不过，经验告诉我，员工离职的一个重要原因并非是报酬的问题，而是他们在开展工作时感到被掣肘。归根结底还是官僚主义惹的祸。因为官僚主义的存在，员工连工作都干不下去了，这使他们感到非常焦虑。但是，并非所有的员工都像可口可乐公司日本分部的经理人一样。他们在不满意的时候敢于把总部发来的备忘录和文件给扔了，一般的公司员工并没有这种勇气。

当员工离开公司前最后一次与你面谈时，如果你问他们为什么会选择离开，他们往往会说官僚主义压得他们喘不过气来。

因此，任何大型公司都面临一个重要的挑战，那就是要经常减少不必要的官僚主义作风。作为可口可乐公司的总裁，我常把自己描述成一个薪酬很高的门卫。我的职责就是要让公司最优秀的人才能够顺顺利利地完成工作，这样能给我们带来新客户并为老客户服务好，还能为股东真正创造价值。

在我进入商界不久后，我就得出了一个平淡无奇的结论：每个公司其实主要就是为现有的客户提供优质服务，并努力开拓新客户群。不论你是身处汽车行业、化妆品行业还是计算机行业，其实你都身处客户服务业。即便你所提供的服务人们不常见，如给油井灭火，你也需要将你的服务推向市场。这样当客户真需要你来为他们的油井灭火时，他们才会想到你。阿代尔公司就是提供油井灭火服务的一家公司，它在全球成功经营了自己的品牌，因此它的品牌几乎就成了这项服务的代名词。

可口可乐品牌也成了良好感觉、愉快时光和清爽感受的代名词。我们的广告语是“有了可口可乐，一切都会更美好”。在公司内部，我们的职责是要让每个喝可口可乐的人在做任何事情时都能够感到有了可口可乐，一切都会变得更美好。不论是公司的接线员，还是灌装厂的员工，甚至包括公司的董事都有着共同的目标，无论在何时何地，我们真正的工作都是在推广可口可乐品牌。

可口可乐公司里流传着一个经典的故事，是关于罗伯特·伍德拉夫、公司的总法律顾问和几个朋友的聚会。当时，罗伯特·伍德拉夫让法律顾问告诉大家他的职责是什么。这位法律顾问毫不犹豫地回答道：“伍德拉夫先生，我的工作就是推销可口可乐。”

我一直把推销可口可乐当作自己的核心使命，鼓励全公司和整个可口可乐体系都提倡以销售为出发点的思考模式。我们在花每一分钱、设立每一个部门或是接手每一个项目时，都要问自己一个基本的问题：这能帮我们带来新客户或是为客户提供更好的服务吗？如果我们没有底气用响亮的“是”来回答的话，那么无论花费多少、付出多少努力，我们都不能继续往下做。如果你觉得有 50 件和客户并不相关的事情需要做的话，那么你马上就会发现有 50 个臃肿的官僚部门在运转。这些部门里的员工貌似工作得热火朝天，但是他们手里做的事其实是本不应该去做的，因为这些事根本无法为客户提供更好的服务。

很多企业在做大做强的过程中迷失了自我。当它们处于初创阶段的时候，它们结构简单且注重利润，它们很关注公司的现金流，花钱从来都是量入为出。当取得成功之后，它们花钱就开始大手大脚了，因此埋下了失败的诱因。公司在花钱上的原则性变得越来越差，一个经理的助理都开始拥有助理了，因而就会出现另一种局面。公司的员工面面相觑地问道："天哪，公司的规模怎么会变得这么大？眼前这么多人到底是谁啊？"但这已经变为既成事实了。

戴尔电脑公司起初还是一个结构简单的公司，时间一长，它的规模变得越来越大，管理层级也变得越来越多。公司的赢利能力越来越差，最后把行业领军者的宝座拱手让给了竞争对手惠普公司。公司的创始人迈克尔·戴尔重返公司出任首席执行官，他首先做的一件事就是给公司所有员工写了一封信："公司拥有很多出色的人才，但我们也面临着一个新的敌人，那就是官僚主义。它不仅耗费我们的钱财，而且使我们放慢了脚步。是我们造成这种官僚主义的出现，也是我们让自己的员工臣服于它，现在我们自己要解决这个问题！"

有一点是不言自明的，那就是官僚们会互相扯皮争斗。我非常努力地想要减少他们之间的摩擦，从不主张别人跑到我的办公室来说其他部门的坏话。如果有人有什么批评或反对的声音，我倒是希望他们能够在大家碰面的场合开诚布公地说出来。我也尽量避免自己走在过道上时别人跟我反映一个情况或是提问。我经常说，如果我们在去洗手间的路上做了某项决定，那么这种决定往往会出现偏差。

如果在去洗手间的路上，有人拦住我说："我一直想找您谈点儿事。"我往往会委婉地告诉他："要不等到公司运营会议上咱们再谈吧。"在大多数情况下，我们都能做到搁置争议，至少能够控制潜在的危机蔓延。

官僚主义是一头难以驯服的猛兽。

> 所谓的委员会就是一群散了会每个人什么也干不了，开会时却要决定什么都别干的家伙。
>
> ——**弗雷德·艾伦**①

沃伦·巴菲特曾经说过，伯克希尔·哈撒韦公司在收购一家公司之后，第一个月就砍掉了54个各种各样的委员会。这些委员会每个月要耗费的工时竟然高达一万个小时。正如巴菲特所说："你真的很难想象在一个公司里怎么会有那么多官僚，尤其是那些能把养活这些官僚的成本转嫁到消费者头上的公司里。"

① 弗雷德·艾伦（1894—1956），美国喜剧明星。——译者注

2007年，伯克希尔·哈撒韦公司旗下拥有76家公司，雇员人数超过232 000人，年收入超过180亿美元，但是公司的总部只有区区19名员工。

管理大师彼得·德鲁克一生花了60多年从事教学、咨询，并创作了30多本著作。他一直关注的一个话题就是卓越的公司从来都不会陷于微观管理，从来都不会让员工有每分每秒都疲于奔命的感觉。卓越的公司会尊重它们的员工，鼓励员工的贡献并且会激发员工创造力的火花。与之相反，拙劣的公司则会设置层层管理权限来扼杀员工的想象力。

> “你是负责什么的，鲍勃？”
>
> “我什么也不管。”
>
> “哦，那你呢，乔治？”
>
> “我是鲍勃的助手。”

德鲁克先生对官僚主义的批判集中体现在一篇富有里程碑意义的文章——《卖掉收发室》中。这篇文章刊登于1989年的《华尔街日报》，并在2005年收录进他出版的著作中。当年，大多数公司都在致力于提高后勤部门的效率，而德鲁克则建议这些部门统统应该被砍掉，并将这些部门负责的业务外包给独立的运营商。德鲁克写道：

公司内部的服务和后勤业务其实是一种垄断部门，它们根本没有什么提高效率的动力，因为它们毕竟没有面临任何竞争。恰恰相反，它们倒很有可能故意降低工作效率。在常见的一个组织、公司或是政府部门内，衡量某项作业的标准和影响力往往只是看其规模大小和获得的经费多少，尤其是在行政、维修、后勤等不直接创造利润的部门。因此，要想让公司的业绩有起色和进步，靠提高这些部门的运作效率是不可行的。

如果公司内部的后勤部门被批评工作不得力的话，那么这些部门的经理人想到的对策往往是雇用更多的员工。与之相反，公司外部的运营商则知道，如果工作逊色的话，它们马上就会被更出色的竞争对手取代。

用外包的策略来创造一个更加扁平化、结构更加简单的组织是促使运营公司更加有效、更有创新性的方式。

如果你想失败的话，那就紧紧抱着官僚主义直到进坟墓吧！

对于官僚主义的危害，我还有另一层认识：有害的官僚主义不仅会阻碍组织取得成功，还会加速灾难的到来。

1986 年 1 月 28 日，美国“挑战者”号航天飞机在升空后不久爆炸，7 名机组成员全部遇难，在航天飞机内还有美国第一位平民航天员克里斯塔·麦考利夫。

2003 年 2 月 1 日，“哥伦比亚”号航天飞机返回时在得克萨斯州上空解体坠毁，7 名机组成员全部罹难。

这两起灾难的原因全都归于技术失误。

因为我们并没有当时飞船上的第一手资料，因此我们只能基于听证会上曝光的信息和其他事后分析材料来进行推测。对于事故的原因，大家见仁见智。但是，有相当多的分析人士持认为，这两起事故在一定程度上是由官僚主义造成的。发射航天飞机的决定是由层级繁多的美国航空航天局（NASA）做出的，而发射的任务又要为一系列的利益群体服务，包括科学研究团体、国防部、政府和国会。连航天飞机零部件和操作系统的供应商也参与了决策过程。

任何曾经顶着感情方面的压力做出决定的人都知道，你的头脑中如果有千头万绪让你备受煎熬，那么有时候连最理性的判断都会被抛到一旁。我在决策制定方面的经验，尤其是新可口可乐上市的那次经验让我想到，美国航空航天局的决策过程也会面临同样的艰难，甚至是更让人头疼的选择。我曾经说过：一件事带来的兴奋度越高，那么紧迫感就越强；厨房里的厨子越多，要么就把好点子扼杀了，要么就会体现一种从众心态。在这一点上，无论是新可口可乐上市，还是一些公司的并购，都如出一辙，没人愿意给众人泼凉水。

在一个结构复杂的官僚体系中，有各种制约的力量在发挥作用，因此部门之争就会让局面变得更加复杂。最终，整个官僚体系要发挥功能就会出现障碍，没人会出头来扫别人的兴，整个团队也很难做出客观公正的决策。美国航空航天局的内部看起来部门和职责众多，因此大家都认为组织内总会有其他人发现错误，但事实并非如此。灾难发生后的调查显示，最终拍板的并非那些掌握信息最全面的人，而是那些手中权力最大的人。

“卡特里娜”飓风带来的灾难是另一个官僚机构功能缺失的典型例子，已经有一些书籍揭露了美国各级政府官僚做派造成了民众惨痛的损失，这样的书籍还会继续出版面市。

在商界，如果官僚主义造成了组织功能障碍，那它将使公司面临艰难岁月并损失惨重。组织内部不得不花很多时间来把关系理顺。因此，人们倒更愿意去犯错，因为要想把一切理顺会让自己手忙脚乱。人们犯的所有错误都会让公司损失财富。

如果在生死攸关的决策中官僚们意见相左，那么后果将是灾难性的。（由于最近的事故，美国航空航天局已经调整了决策流程并找到了协调各个官僚关系的办法。美国联邦应急管理局显然也简化了其行政流程，砍掉了一些不必要的官僚层级。）

第九诫

信息错位，沟通不畅

沟通时最大的问题就是“已经做好了”的错觉。

——**乔治·萧伯纳**

对你的员工或客户发出含混不清的信息会有损你的竞争优势，最终还会导致你的失败。杰克·韦尔奇说过，当他接手通用电气公司的时候，感觉公司到处都充斥着模棱两可的信息，很多存在了许久的部门都陷于溃败的边缘。20 世纪 70 年代的可口可乐公司，我们的一些信息让内部员工，特别是让灌装商和零售顾客容易产生误解。我们的软饮事务部的经理就曾经发出过几条含混不清的信息。

正如父母和孩子说的那样：“把你盘子里的东西吃干

净，否则就别想吃甜点了！”父母虽然嘴上是这么说，但不代表真的会这么去做。不管怎样，孩子们还是能吃到甜点的。

1973年，当我来到亚特兰大的可口可乐美国软饮事务部工作的时候，这个部门是公司里的宠儿。毕竟，可口可乐是靠在亚特兰大卖汽水起家，年复一年，这项业务的运转也一直很顺利。不论是在麦当劳还是在纽约扬基队的主场，人们都会从可口可乐的销售点买上一杯饮料。我们有700名销售人员专门负责同这些销售客户打交道，其中的一些客户是连锁店。因此，极少数销售人员会去客户的总部拜访，而大多数销售人员都会拜访零售店，来帮助它们更好地销售我们的产品。毫无疑问，可口可乐是全球软饮料市场的领军者。

天有不测风云，可口可乐公司出现了几个问题，最关键的问题是公司突然开始赔钱了！

从20世纪60年代末开始，软饮事务部采取了新的薪酬分配制度，以销售人员全年的预期销量为基础。大多数好的销售人员从本性上来说都是非常乐观的人，所有的零售店也根据销售人员的预期在年初就得到了广告推广费用。但是，这一做法的弊端在年底便显现出来，因为各家零售店的销售量比预期要少得多。

尽管大家都不是数学家，也都算得出有些销售额根本没有达到，但公司还是付了报酬，这样公司的利润率明显就降低了。这对于零售店和公司而言都是一种模糊的信息。

公司不仅采用了这种奇怪的薪酬计算方式，而且在可口可乐原浆的原材料价格不断上涨的背景下硬扛着不涨价，似乎公司卖给零售商的原浆成本是多少年都雷打不动的。几年来，成本不断攀升，公司的利润率也在不断下降。但是，可口可乐公司的管理层对这一问题视而不见，害怕提高原浆售价会影响公司的生意，并使得公司遭到竞争对手的攻击。而事实上，我们的生产成本在上升，其他竞争对手也面临一样的情形。它们如果不跟随我们，恐怕就会丢失价格优势，但是跟着我们不涨价，日子也很不好过。

也就在那时候，查尔斯·邓肯让我去亚特兰大和可口可乐美国分部的总裁卢克·史密斯一起工作。我接到的第一项任务就是处理软饮事务部的问题。在全面分析了情况之后，我们发现除了提价别无选择。软饮事务部的经理们接二连三地来到我的办公室，向我一再解释不能提价的理由。尽管这些经理人坚持自己的观点，我们还是做出决定，在一个周五把可口可乐的原浆价格每加仑①提高了 20 美分。

① 1 美制加仑≈ 3.79 升。——编者注

提价后的那个周一，竞争对手并没有把我们逼上绝路，他们也宣布提价了。

我举这个例子只是想告诉你，如果我们对某个观点有根深蒂固的成见，那我们将很难再听进去别人的意见。我作为一个外来者，可以从旁观者的视角来审视一下房间里家具的布置。我把沙发搬走了，房子并没有像大家害怕的那样倒下来。

我曾经提到钱是一项伟大的发明。在商界打拼的多年里，我一直都在想，怎样才能把抽象的数字用实实在在的钱反映出来。现金，或者说钱，是一种伟大的抽象体，它使所有的商业活动得以开展和延续。

但是，过去我时常担心因为我们的商业活动变得如此复杂，公司员工已经很难真正体会到某个数目的钱代表什么含义了。

1971 年，当我在休斯敦的可口可乐食品公司工作时，我发现有些拿了大学或是工商管理硕士学位的人在公司工作了整整 40 年，每天都在处理各种日常事务，根本都没有机会摸到现金。公司在向员工、供应商、媒体、广告商、旅行社等支付费用的时候，每一分钱都不是用现金支付的。在公司总部，管理者所接触的预算只不过是一些写在白纸上的数字而已。这种做法具有很强的欺骗性，因为这些数字非常抽象，所以没有任何意义。

在拉斯韦加斯，如果赌场老板看到赌桌上出现了现金而没有很快消失的话，那么赌场总管就会被解雇。赌场老板不希望赌徒在赌钱的时候想到真金白银，因此他们就用花花绿绿的筹码来代替。赌徒在喝一杯免费饮料后会留下50美元的筹码当小费，因为那时候他们认为这不是“50美元”，而只是“一个小筹码”罢了。

美国联邦政府每天的花销大约是74亿美元，不过10亿美元也是一个非常抽象的概念。10亿分钟之前，罗马帝国的哈德良皇帝正在建造他的城墙；10亿小时之前，我们的祖先还生活在石器时代；10亿天之前，石器时代还根本不存在。

多年前，诺斯科特·帕金森提出了著名的帕金森法则。该法则表明，大多数人并不能理解在预算中一长串“零”到底代表什么含义，大家能真正体会的往往是更小的数字，例如几百，最多也就是几千。我一直都在想，有什么方法能让可口可乐食品公司的员工切身体会他们所花的钱到底有多少。有一年，我突发奇想：“我们就不要总是臆想有多少现金了，我们直接用现金吧！”

我给公司的首席财务官打电话，建议从下个月开始，一切经营活动的费用都要用钞票和硬币来支付。如果一位高管出差去纽约，机票的费用是692美元，那么我想让他用现金来支付692美元。如果在《纽约时报》上做整版的广告花费了19 458美元，那么我想要负责广告事务的经理用现金来支付广告费。我想要公司支付每笔账单时都用现金，甚至对于我们接触到的一切都用现金来支付，包括员工的工资、购买铅笔的费用以及每笔交易的支出。

可口可乐食品公司并不是一家小型公司，但也算不上商界大鳄。尽管如此，如果想要公司按我的构想来开展运营，那么整个休斯敦的银行都没有足够的现金供我们花销。

这是一个走极端的想法，而且我们一直都没能践行。但是，让员工们真正和现金打交道，而非整天摆弄预算表中的数字，这的确是一个有意思的点子。

我一直没能真正向员工栩栩如生地展现金钱的实质，但是在公司的软饮事务部，我至少在一定程度上向员工揭示了这一实质。

公司软饮事务部还有一条传递得含混不清的信息。无论每年的业绩如何，到了冬天，部门都会举办一次管理层和销售人员及其家属参加的销售会议。名为销售会议，其实这只是在某个异国他乡海滨胜地举行的奢侈聚会罢了。当然，我到公司的那年，他们也还在筹备这一聚会，而当年公司却在亏钱。

这条信息就是模糊不清的，它会让你感觉："不管你干得怎么样，你都能得到奖赏。"

公司的变革正在逐步提上日程，其中一项就是公司不再会为糟糕的表现慷慨埋单了。为了陈述这一理念的变化，我在公司内宣布："今年我们开会的地点选在了芝加哥，一个很有意思的城市，但是我们不会在 1 月去某个海滨度假村开会了。我们会住二流的经济型酒店，不能带家属，而且要住双人间。"

我告诉员工们，实话实说，我也不喜欢住经济型酒店，我也不喜欢在 1 月去冷飕飕的芝加哥，但大家不能花还没有挣到口袋里的钱。

他们明白了我的用意。

第二年，公司的销售额和利润剧增，因此我们在夏威夷好好地庆祝了一番，还带上了家属。

从此以后，他们每年都会为公司挣到利润。

生活中有很多东西比金钱更重要，而这些东西都是要花钱的。

——**弗雷德·艾伦**

（弗雷德·艾伦真应该去哈佛商学院教书。）

含混不清的信息一直让我感到头疼。1985 年，我受邀去牙买加，牙买加政府将给我颁发马丁·路德·金和平奖。该国的首相爱德华·西加和几位将军都在场。在吃早餐时，几位将军一直都在和首相窃窃私语。最后，首相悄悄地对我说："演讲结束后，你别上车，我们在你酒店房间碰面。”我按他说的做了。当时我朝四周看，发现到处都是浓烟滚滚，人们的呼喊声震耳欲聋。我就问道：“可口可乐公司在牙买加有没有做过什么我不知情的事？”回答是：“没有。外面的人很恼怒，因为汽油价格刚刚上涨了，但是我们不想出什么意外。”他们把我塞进一架直升机，随后直升机就飞走了。每当我想起这一幕的时候都觉得特别有讽刺意味，因为我参加那次活动是去接受和平奖的，却得坐着直升机落荒而逃，从直升机上往下看，军队的机关枪还在耀武扬威。

在可口可乐公司，这种含混不清的信息带来的最严重的问题出现在我们全球的灌装商体系。原来陈旧的体系和全球的零售体系逐渐脱节，采取积极的整合行动势在必行。这一体系和全球社会及经济领域内发生的变化完全不合拍。

光是先进的科技就让世界发生了翻天覆地的变化。1962 年 7 月 10 日，通过泰事达通信卫星传送的电视信号，大西洋两岸的人们同时收看到了电视实况转播。从此以后，科技更新的脚步变得越来越快，而地球却在变得越来越小。

不同国家的人们曾经穿着不同的衣服，唱着不同的歌，读着不同的出版物，看着不同的电视节目。可是转眼间，他们看起来有着相同的打扮方式，听着相同的音乐，读着相同的书刊，看着相同的电视节目。不论是在英国的班戈，或是在美国的缅因州，还是在印度的班加罗尔，大家都穿着李维斯牛仔裤、T恤衫和球鞋。20 世纪 70 年代，摇滚音乐和电视转播的体育赛事使得整个世界紧密地连接在一起。这种紧密程度是以往任何时候都无法比肩的。世界各地的人们都知道穆罕默德·阿里。收看 1976 年奥运会的观众人数超过 10 亿，甚至全球各地都开始销售同样的食品了。

世界变得越来越小，全球化的趋势也变得越来越明显，但可口可乐公司在向世界各地的分部散布着前后不一致的信息。我们似乎无法在全球推行统一的营销策略，无法形成统一的奋斗目标。这个世界在日益趋同，而我们却正好相反。本来，“Coca-Cola”（可口可乐）可以成为仅次于“OK”的全球知名度排第二的英文单词，但是公司在世界各地的营销策略让这个品牌的知名度大打折扣。我们埋下的失败诱因现在已经开始让我们尝到苦果了。

主要原因在于公司经营体系的形成特点：几十年来，可口可乐在世界各地的业务都是由一些业务拓荒者在各国自行创立的。他们每个人看世界的角度都不一样，正如我之前指出的那样，很多都戴着自己的有色眼镜。他们每个人的权限也很大，因为要想建立遍布全球的业务，别无他法。因此，世界各国可口可乐公司的经营策略和定位都不相同。为数不多的没有差异的地方就是可口可乐的味道、商标、包装和经营者的热情，遍布全球的业务都建立在这一体系之上。而各个国家经营之道上的差异都可以直接追溯到在那片区域创立业务的开拓者。

例如，可口可乐公司早先有一位名叫比尔·贝克的先驱来到了拉美地区。他发现那里人口众多，但是大多数人的收入很低，因此他建立起了一种以量取胜的经营策略。他用低价销售了数百万罐的可口可乐，产品价格的低廉使得从美国与墨西哥交界处的格兰德河流域到南美巴塔哥尼亚的民众都能承受。在这一片区域，公司推行的是薄利多销的经营策略。

在欧洲，公司的另一先驱马克思·基思面对的则是收入颇高但人口不多的一个群体。果汁和其他饮料早就进入了欧洲民众的日常生活，因此他对可乐的定位就是在特殊场合下的特别饮品。在那片区域，公司的经营靠的并不是很高的销售量，而是很高的利润率。

同样，在亚洲、非洲和中东等地，各个分公司的组织模式都有不同。在一些国家，我们的公司经营理念非常现代，公司结构也非常简单；而在另一些国家，产品甚至是用毛驴拉到市场上去卖的。我们所见到的是一个多元化的大家庭，把各个家庭成员组织到一起的就是同一种产品和相同的质量标准，但是在很多方面，各个成员都有极大的区别，因此各个家庭成员之间很难进行沟通对话。在很多年里，他们也确实没有对话的必要。

同一种视野、同一种声音和同一种销售策略的需要

20 世纪 60 年代，整个世界日新月异。这种变化的节奏在 70 年代就变得更快了，市场在不断融合，国界的概念在不断消融。此前公司的营销策划方案都来自位于纽约的可口可乐出口公司，这种模式现在需要注入新的元素，即怎样才能更好地与麦当劳和一些大超市等客户的全球营销战略相吻合。我们需要听装和大瓶装等更多新型的包装方式。此外，我们发现尽管公司旗下的分部在以各自的方式经营，但是我们全球客户的口味却在日益趋同。

20 世纪 70 年代，公司董事长兼首席执行官保罗·奥斯汀将可口可乐出口公司从纽约迁至亚特兰大。为了增加公司的全球协同性，公司开始定期召集世界各地高管举行会议。但是，如果你所在公司的文化是如此多元，那么你想要改变它也非一朝一夕之功。

20 世纪 70 年代中期，美国出现了经济疲软和通货膨胀并存的滞胀局面，公司当时和国内的灌装商正在重新商谈协议。南美

洲的政治局势并不稳定，与此同时，欧洲和亚洲的局势也在发生巨变。另外，我们最主要的竞争对手在苏联得到了独家合约，阿拉伯世界根本不想和可口可乐沾任何边，因为公司在以色列有灌装商。竞争对手的营销策略正在使其业绩蒸蒸日上，而可口可乐公司的股价令人沮丧。总而言之，可口可乐公司的基石遭到了重创。

变革旧体制的需要

1981 年，当郭思达和我进入公司高管层后，公司还面临着一系列的挑战。例如，公司迫切需要为自己的形象重新注入活力，需要推出酝酿已久的产品——健怡可乐。然而，公司当年面对最严重的挑战就是统一行动的方向和全球分部的目标。要想撬动各国分部长久占据的地盘确实存在风险，但是为了更新公司的营销策略、提升配送体系的效率并为全球的客户更好地服务，我们也不得不这样做。

我们首先要做的就是把原来含混不清的信息表达清楚，我们要说服每一个员工：尽管各个分部的业务可以独立运营，但是由于市场的全球化趋势变得日益明显，因此需要在业务上实现趋同化。

波士顿凯尔特人篮球队的传奇教头雷德·奥尔巴克认为，如果一个球员没能接到队友传来的球，那么责任应该落在传球球员的身上。奥尔巴克说：“如果传球球员能够和队友有效沟通的话，那么接球队员就能得到准确的信息，在准确的时间和准确的位置接到球。”同样，我们觉得自己身上肩负重任，需要让来自全球各地的公司领导都能准确地领会到一条信息：公司业务的改革势在必行。

来自全球各地的公司领导者齐集加利福尼亚州棕榈泉参加会议，郭思达在开场白中说道：“每天我们都会拿不配合的人开刀。”他说公司需要从头开始重新构建，并简明扼要地提出了我们的目标。从本质上而言，我们在用统一的目标加强亚特兰大总部对国际业务的控制力，同时依然保持各国分部业务的特色和优势。我们成功地率先实施了“国际化视野、本土化经营”的战略。

对主营业务定位不准的另一例子

在本书前面的章节我曾经提到，可口可乐公司曾经想过要多元化经营。公司曾经涉足红酒业，但并没能给公司带来想要的协同效应，因此我们就把红酒公司给卖了。

可口可乐公司还一度涉足另一块多元化投资的领域，还给公司带来了利润，这就是电影娱乐业，但公司最终还是决定将这块业务出售。

1982 年 1 月，可口可乐公司宣布收购哥伦比亚电影公司。华尔街认为我们的收购价过高，因此公司的股价下跌了 10%。在很多人看来，郭思达和我似乎犯下了一个重大的错误。然而，没过多久，收购哥伦比亚电影公司的举动就有了很大起色。公司推出了两部广受好评的影片——《窈窕淑男》和《甘地》。1983 年年底，电影公司创造的利润比我们最乐观的预期还要高出 50%。

在接下来的几年时间内，哥伦比亚电影公司拉动了可口可乐公司利润的增长，这让我们感到兴奋，因为我们觉得在购买和经营哥伦比亚电影公司方面做出了正确的决定。进军电影行业确实让人感到心潮澎湃，这个行业充满了魅力。不过，随着公司在国际软饮料市场的迅速扩张，哥伦比亚电影公司贡献的那一点儿利润就显得微不足道了。因为它在公司的业务中是无足轻重的一部分，却占据了我们大量的时间和精力。不仅如此，哥伦比亚电影公司会让大家有些丈二和尚摸不着头脑，不知道可口可乐公司到底是干什么的。

除此以外，大家也都知道电影行业的经营有很大的不可预见性，这个行业并不能给你带来稳定的收入。早在我们第一次介入哥伦比亚电影公司收购时，投资银行家赫伯特·艾伦就给过我们这方面的忠告。尽管最后借鉴赫伯特·艾伦的建议，我们经营电影公司还算成功，郭思达和我还是决定把这块业务卖了，并回到公司的主营业务上来。

通过艾伦公司，我们把哥伦比亚电影公司卖了，价格比我们当年收购的时候要高得多。

我们不想再给别人传递错误信息了，我们经营的不是一家影视公司，也不是一家电影工作室，我们投身的是全球的饮料行业。那是我们的强项，也是我们想要所有员工专注的领域。

IBM的一个经典案例

当约翰·埃克斯担任IBM首席执行官的时候，他推行“新范式”，为的是更加接近客户，用心体会客户的需求，想客户之所想。

为了阐述这一理念，约翰·埃克斯在1989年年初召开了IBM公司大会，在全球邀请的所有重量级人物齐集纽约阿蒙克。那次会议声势浩大。开幕之后，约翰·埃克斯在演讲中阐述了客户在IBM世界中的重要地位。为了显示这一理念有多么重要，他特意将我列为大会第一阶段议程的主旨发言人。

会议开始了，在“介绍基奥先生之前”，约翰·埃克斯说了下面这样一段话:“我希望大家能够享受在总部举行的很多深入的研讨会，这样才能找到更好地为客户服务的方法，并让客户看到我们为他们服务的诚意。”之后，他播放了一段录像，其中有他和其他IBM的高管脱了外套、捋起袖子在开客服会议时全情投入的镜头。录像中的高管使用了各种图表，一位专业的主持人也不断提醒每位与会者这种新思维的重要性。

我们在场的每个人都一起看了录像。在播放录像的过程中，我一眼就看到，在出席客服讨论会的每位高管面前都放着一听百事可乐，但是没有人对此有任何异议。

接着，主持人就介绍了我，我首先感谢约翰·埃克斯邀请我来参会。我问他能否帮个忙，重放一下刚才录像中有IBM高管开会场面的几个片段。当播放到其中一个画面的时候，我让录像停了下来。

我说:“很高兴可口可乐公司能够成为IBM最大的客户之一，今天能够受邀来参加这个会议，我也感到非常荣幸。你们制作的这盘录像带，我想在今天播放之前，制作人员也肯定看过不止一次。在镜头中，每位公司高管面前放着的是我们最主要的竞争对手百事可乐公司的产品。约翰，在我看来，这次会议开到这里就完全没有必要再开下去了。因为你们要说的意思已经表达清楚了。你和你的同事口口声声在这里谈客户服务意识，但你们忽视了站在讲台上的一个重要客户。”

听众们个个都听得十分紧张，会议室里的空气都凝固了，接着全场爆发出雷鸣般的掌声。他们听懂了我的意思，多年来这也成为IBM内的经典案例。

没过多久，IBM就第一次从外部聘请了首席执行官郭士纳，也开始了对公司的一切进行反思。IBM不再对自己的知识产权守口如瓶，开始授权给了别的公司。此外，IBM还给别的公司提供信息科技服务。在后来的首席执行官山姆·帕米萨诺的领导下，公司2006年900亿美元的收入中超过一半都来自1990年不存在的收入源。公司里再也没有含混不清的信息了。

第十诫

对未来心怀恐惧，悲观主义色彩浓厚

恐惧就是悲观情绪笼罩的小暗室。

——迈克尔·普里查德[1]

大多数人认为对未来持谨慎态度是明智的。谨慎并不犯罪，但如果公司做事处处讲求谨慎的话，那么我在第一诫中也提到了，这会让失败来得更快。这在足球比赛中是很常见的。在比赛接近尾声时，领先的球队往往会求稳，希望能够保住自己的领先优势，已经不敢像取得领先优势之前那样去打拼了。正因为如此，领先者往往会在比赛的最后几分钟内输球。

如果放弃冒险，反而会给你带来很大的风险。

但是，还有一种比谨慎更要命的痼疾，那就是恐惧。

---

① 迈克尔·普里查德，美国著名演讲人。——译者注

对未来谨慎的担忧和无止无休的恐惧是截然不同的。当年富兰克林·罗斯福总统告诉美国人，“唯一要恐惧的就是恐惧本身”。我的父母对此感同身受。他们在20世纪30年代负重前行，处境非常艰难，但是他们从来都不会畏首畏尾。他们那种无所畏惧的乐观主义一如从前，美国也正是凭着这种乐观主义才得以立国。

詹姆斯·特拉斯洛·亚当斯在1931年出版的《美国史诗》一书中提出了“美国梦”的说法，这让我感触很深，当时有上百万美国人失业了。他把美国梦描述为“一个大陆的梦想，每个人都能生活得更好、更加富裕，也更加充实”。美国梦是美国人支撑未来的强心剂。

现在，当更多人能实现美国梦后，很多人在眺望未来时反而变得忧心忡忡。他们不仅仅是害怕冒险，没有什么是他们不害怕的，他们甚至害怕随时会丢了性命。做人做事抱着这种态度，想不失败都很难。

在我们身处的这个时代，人们已经不像从前在海上航行的船长，整天害怕会驶入陌生海域了。在这个现代科学社会，在高度工业化的西方世界，对未来惶惶不可终日的态度是不理性的。但是，如果你想要品尝失败的苦果，那么你就畏首畏尾好了。

古希腊的神学家认为，神所拥有的最大能力就是预知未来。

不论是在古希腊还是现在，普通人都做不到这一点。

没人能预测明天到底会怎样，没人能做到这一点。无论是世界上最好的占卜家，还是麻省理工学院任何一台电脑上安装的程序，都无法断言明天的太阳一定会照常升起。明天的太阳是有可能不再升起的。这种可能性确实存在，但没人可以准确断言。

人们心中总是会有担忧未来的理由，但是因为我们现在的知识日益丰富，我们做事的方式也日益科学，大多数人都发现其实值得害怕的事已经越来越少了。我们确信万有引力等自然法则会继续存在。我们相信即便去遥远的地方旅行，也能够平安无事。我们也有信心应对记忆中的一些绝症，因为肺结核、脑灰质炎和麻风病医院都已经消失了。总而言之，我们在面对未来时会有更多的信心——肯定要比罗斯福总统鼓励我们不要害怕时更有信心。

不过，人类确实是非常矛盾的一种动物。我们用科学手段让自己对未来变得忧心忡忡。事实在于，即便世上本来没有什么好担心的，我们都会折腾出一些让我们担心的由头来。很多人是唯恐天下不乱，用各种最复杂的电脑程序来预见向我们袭来的种种危机，甚至杞人忧天，觉得危机无处不在。有人会找到某种南美洲的蜜蜂，给它冠以一个极吓人的名称——“杀人蜂”。大家对禽流感也是惶惶不可终日。无论是哪家杂志、报纸或是电视台的主持人，都担心人们最后会死于与禽类的接触。

我们身边根本不缺乏杞人忧天者——从预言耶路撒冷将被巴比伦灭亡的耶利米到希腊神话中的卡桑德拉，再到电影《四眼田鸡》中整日提心吊胆的小鸡。这些杞人忧天者在启蒙运动之后变得更有说服力了。因为科学家开始用各种科学手段和统计模型来提出一些耸人听闻的预测，这些预测让人觉得很有说服力，因为它们都有不容争辩的实证经验和看似理性的思维来做支撑。你如果看到一个头发稀疏的预言者用几片茶叶就预言世界的厄运，你对此可以不屑一顾。然而，如果一个科学家引用看上去毫无缺陷的数据来提出一个相同的悲观论断，那么你就很难反驳，除非你也掌握了同样多的用于分析的数据。大多数外行都做不到这一点。

悲观主义：200 年的恐惧心理散布者

英国牧师、数学家和政治经济学家托马斯·罗伯特·马尔萨斯让悲观主义驶入了快车道。很多人都认为马尔萨斯是人口学的鼻祖，而我认为他是现代悲观主义的鼻祖。

在 1798 年出版的《人口论》中，马尔萨斯悲观地预测人类将会面临灭顶之灾，因为人口的增长速度势必会超过粮食产量的增长速度。他预测这种悲剧很快就会发生，很有可能就在下个世纪。唯一能检验灭顶之灾的就是灾难本身。因此，当爱尔兰土豆霉变带来大面积饥荒时，我的祖先就迁徙来到了美国。马尔萨斯主义者对此感到欢欣鼓舞，认为这是自然界对人口过剩的修正。当印度数次发生饥馑时，“文明”的英国人也依然相信这是牧师那种可怕的数学模型在起作用。

时至今日，马尔萨斯依然是当代很多悲观主义者的精神依托。在我的有生之年，我见证了保罗·埃利希在《人口爆炸》中的预言无非是耸人听闻而已。保罗·埃利希在1968年预测，20世纪70年代将会有数亿人死于饥荒，到了80年代人类的寿命也将偏短。这种悲观的预言并没有变成现实。1972年，罗马俱乐部[①]的报告指出，到了90年代，我们在各种原材料方面都将面临短缺，而这种局面也没有出现。罗马俱乐部撰写了多份题为《增长的极限》的报告，对未来的增长趋势持非常悲观的态度，原因还是对资源供给紧张的预测。人类在寻找替代能源等方面取得的科技进步在这些报告中丝毫没有被提及。在这些专家眼中，人类不过是羊群而已。诚然，如果放任羊群自己吃草，它们确实会把一块草地上的草吃完了才走开。但是，人类毕竟是灵长类动物，因

---

① 罗马俱乐部，成立于1968年，是一个由来自不同国家的科学家、经济学家和社会学家组成的小团体。——译者注

此会想办法在草地上种草或是把羊群赶到其他地方去。

不过，总是有人会有无穷无尽的担心。有人担心如果我们在草地上种草，就会破坏原来的生态平衡，而且肯定会有人指着我们的鼻尖骂。哎呀，受够了，还是打开电视放松放松吧！电视上正在播放天气预报员德尔伯特·多普勒穿着黄色雨衣，在狂风大作、巨浪拍岸的现场进行的报道。他警告说，形成于印度洋塞舌尔洋面、威胁巨大的风暴有可能会向北部或是东北部移动，也有可能向西部或是西南部海岸线移动或进入洋面。他说电视台会进行追踪报道。

最糟糕的情形往往不会出现。

——佚名

我安然无恙地走过了20世纪70年代世界陷入冰封期的“末日”，走过了80年代切尔诺贝利核电站泄漏事件之后的世界“末日”，走过了21世纪之初千年虫问题引发的世界“末日”，走过了人们对苹果的质量问题可能会导致死亡的恐惧，走过了对电器、手机、食品色素、健怡可乐中甜蜜素等原因导致癌症的恐慌。

在20世纪70年代，当人们因为甜蜜素引发的担忧对其大张挞伐时，科学界的很多人认为这种攻击其实是毫无根据可言的，因为之前人们已经食用了那么多的甜蜜素还是毫发无损。他们指出，在实验室里被用来做癌症实验的老鼠们每天消耗的含有甜蜜素的饮料和人类一样多，奇怪的是，这些老鼠都没有因为癌症而死亡。尽管如此，甜蜜素在西方还是被禁用了，人们用糖精替代了它。

你或许认为，经过一段时间，我们对这种灰暗的预言会感到厌倦，我们对于散布悲观主义情绪的这些人也会反感，但事实并非如此。

悲观主义：将注意力放在了失败上

也许是因为媒体的性质使然，负面报道是难以避免的。电视是继马尔萨斯之后，悲观主义所能得到的最好礼物了。因为我们看世界的角度在很大程度上取决于镜头，而镜头拍摄的角度从来都不是以乐观为特点的。

一位从事建筑业的朋友告诉我，他可以让世界上最美的建筑看起来丑陋不堪。他说你只需要用一台摄像机，通过某个角度来放大建筑的一些缺陷，这样即便是建筑的长处，在你的镜头下也会变成缺点。通过镜头的扭曲，原来美轮美奂的摩天大楼倏然间就变成了城市里的一道疤痕。

如果你一天到晚关注失败的话，那么你对人生和未来的态度也会因此改变。有两句很经典的话，有人认为是罗伯特·路易斯·史蒂文森讲的，还有人认为是无名氏说的，不论如何，我还是很赞赏这两句话。“两个囚犯透过监狱的铁栏杆向外看。一个看到的是泥潭，一个看到的是星空。”只要稍稍抬起你的头，改变一下你的态度，那么你的世界观就会发生巨大的变化。

媒体很少会关注好消息，因为坏消息才能让人正襟危坐和屏住呼吸，集中注意力。这一点确实抓住了人性的特点。上百万辆车上下班时段安全出行是一条不错的消息，但因为10辆车造成交通拥堵，那就是新闻了。

不过，我们的耳边和眼前从来没像今天这样到处都充斥着新闻。借助互联网和有线电视网，我们全天都可以听到在世界各地发出的各种灾难预警以及有关各种灾难的报道。

除此以外，还有一种常见的做法让我们的忧虑放大了很多倍，那就是人们主张论述要做到有理有据，即便是对那些能找到毋庸置疑的科学证据的问题，我们也会争论一番。在美国社会，人们相处时本来就不拘礼节。现在，数不清的电视节目里有很多聒噪、貌似专家的人为一个话题辩论不休。这种节目你要是看多了的话，很有可能会得出结论，认为一切都是值得怀疑的，一切都可以用伶牙俐齿抢到手，一切都有利有弊。举证的责任落在了证实一方，因此在辩论的过程中，证伪一方似乎更有优势。提出世界将迅速陷入危机的说法似乎很容易。呐喊者总是能得到很多乐趣，而观众总能得到更多的乐趣，尽管他们的心情可能更容易波动。

几十年前，我们获知新闻的途径基本就是报纸。不管新闻的标题起得多么耸人听闻，报纸始终都像一个安静的伙伴，翻报纸的沙沙声还会让你觉得心绪平静。当广播成为一种主要的新闻来源后，它给人的感觉也一样平和，完全不像现在气势逼人的电视新闻。早期在电影院中播放的新闻片内容大多是“二战”报捷的消息，以及关于霍华德·休斯建造的“云杉鹅”水上运输机的正面报道或是某个农民种出了800磅重的大南瓜。

事实上，哪怕是早期的电视新闻也比较短，而且观众容易消化。现在就不行了。即便是无足轻重的话题，电视新闻都能把它渲染得让我们陷入恐惧的深渊。

我们一方面希望自己能平平安安，另一方面却在寻找刺激。

我见过的一些警告标识让我觉得有些人的心态确实自相矛盾。例如，在一家饭店里有这样一个标识，上面写着：“加利福尼亚州卫生局认为这栋楼的建筑材料对你的健康可能有害。欢迎来到万豪酒店。”

2007年度最搞怪警告标识奖得主是一台小拖拉机，它上面的标识赫然写着："危险：避免死亡！"

你不妨看看周围的孩子们，他们就差戴着护具上床睡觉了。他们使用护膝、护肘、坐垫，被包裹得严严实实，几乎抬头都见不到蓝天了。

迈克尔·克赖顿在《恐惧之邦》一书中说道，他现在面对一个可怕的两难处境。因为他同一天会读到两篇文章，一篇文章说喝啤酒对心脏有益，而另一篇文章又说啤酒中含有致癌物质。

英国作家、绿党重要成员克里斯·古多尔在《如何过一种低碳生活》一书中告诉我们一个悲观的论断：如果我们走着去三英里外的商店，我们排放的二氧化碳要比开车排放的更多。因为为了有力气走路我们必须吃食物，而生产这些食物就需要耗费很多能量。结论就是，如果要解决全球变暖的问题，唯一可行的途径就是我们都坐在黑暗的屋子里，把电视机、冰箱和空调的插头都拔了，什么都不要做，什么也不要吃。

悲观主义：过往就像一个挥之不去的暴君

先锋基金的创始人约翰·博格尔曾指出，我们每个人都有一种怀旧情结。我们在人生长河中向前划去，但是我们总会回望来时的旅程，心中总是眷恋着过去。

每个人难免都会有怀旧的时候。时间有一种奇特的效果，即便是过去最阴暗的角落，时间也能让它阳光普照。人性就是容易记住美好的时光而忘却悲伤的过去。对于悲伤忘性大，我们还真应该为此感到庆幸。

人性的另一大特点就是喜欢倚老卖老。圣奥古斯丁、亚里士多德、荷马，甚至古代的亚述人都曾经批评年轻人不够尊敬长辈、偷懒、不听话。

看到“在 12 个上学的孩子中，有 11 个都不懂自己读的东西是什么意思”这句话，是很让人警醒的。你可能以为这是有人昨天才写的，其实不然，这是美国著名教育家霍勒斯·曼在 1838 年写的。威尔·罗杰斯在半个世纪前说过：“现在的学校没以前好了，不过学校从来都没怎么好过。”

人有一点儿怀旧情结并没有什么害处。但是，有些人很像约翰·博格尔提到的划船人，他们对过去很难释怀。人们毕竟对过去多少有些熟悉，有些模糊的了解。因此对于有些人而言，生活在过去比生活在当下要惬意，也自然要比生活在将来更舒服。对于这些人而言，他们的悲观主义对自己来说也是一种负担，因为他们在内心深处认为进步几乎是不可能的，一切都比不上过去，什么也不会有起色。恐惧未来而造成失败的例子不胜枚举，而这种恐惧的病毒整日都盘旋在公司上空。

我非常相信进步的现代哲学观，我们肯定不会重复以耕作为生的祖辈的生活方式。我们只要回顾一下 20 世纪所发生的情况就可以了。

在 1900 年前后，美国人的平均寿命为 47 岁。当时人们吃的都是有机食品，普通的工薪阶层每年只能挣 400 美元。1901 年，美国麦金利总统遇刺。美国社会当时和之前一样，处于一种喧嚣的状态。尽管如此，人们还是不断从世界各地涌入美国，因为他们确信自己会变得更加富裕、更加充实。

在美国发生的很多变革推翻了原来人们认为一成不变或是永恒的行为准则。曾经，你会见到在招聘的地点挂着“爱尔兰人不准应聘”的牌子，而现在，你在美国任何地方都能见到爱尔兰人。

曾经在美国，黑人只能从后门进出，后来这些障碍一一消失了，一扇扇大门都向黑人敞开，现在美国黑人能够合法地在最高档的办公大楼里占有一席之地了。

曾经，很多职业都排斥女性，很多学校还不对女性敞开校门。而如今，超过一半的大一新生，以及医学院、法学院和商学院一大半的新生都是女性。我们前进的脚步迈得不大，但是在一些人所称的“传统主义”的堡垒下，进步还是产生了。我在圣母大学的朋友特德·赫斯伯格曾经说过："守旧者是不会轻易退出历史舞台的。"

事实上，我的第二个孩子莎拉就是圣母大学招收的第一批女生之一。1972 年，圣母大学校长赫斯伯格做出了 10 项重要的改革决定，使得这所 1842 年成立的高等学府不再只是男性的专属领地。我至今还清晰地记得莎拉开学典礼的那一天，因为当时学校内部还有人反对这一决定。我们这些女生家长内心也感到忐忑不安，我们的孩子们更是感到惶恐不安了，不知道事态将会怎么发展。

那一天一开始就让你觉得乱糟糟的，125 位女生和她们的家长眼中都流露出惶恐，不知道学校会怎样对待她们。当天，鬓角发白的赫斯伯格穿着一身白西服走上讲台。他深知把握时机的重要性，也知道在项目启动之初为它保驾护航的重要性。他抬起双臂，双眼向礼堂金色屋顶上的圣母玛利亚壁画望去，大声说道："圣母呀，我想向您道歉，因为学校成立了 130 年我才把您的女儿们带到您身边。"

这是让人难以忘怀的一刻，所有的父母和孩子在内心都对自己、对学校、对这个国家的未来充满了希望。

悲观主义：恐惧的瘫痪症

经济学家、《终极资源》一书的作者朱利安·西蒙将毕生大部分精力都用于反驳马尔萨斯的悲观论断，他给出了这样的忠告：

> 更富足的物质生活并不会从天而降，我想要传达的信息也并非要人们自鸣得意。终极资源其实就是人类本身，尤其是那些技能丰富、斗志高昂、充满希望、酷爱自由的年轻人，他们会运用意志和想象力来为自己服务，当然也会给我们其他人带来福利。

多年前，我有幸见到了海伦·凯勒，她曾经说过："悲观主义者从来没能发现星空的秘密，从来都没有航行进入一片未知的海域，也从来没有开辟过精神的新花园。"

悲观主义带来的最严重的问题就是它会让人彻底瘫痪。人们非常担心未来可能出现的糟糕后果，因此就干脆缴械投降了。如果对未来抱有恐惧的态度，那么未来注定会有失败等待着你。

自从 1941 年以来，美国的经济并没有真正陷入过萧条，但是多项大范围的民调显示，很多美国人对经济走势持相当悲观的态度。

不知你是否留意过，一些专家曾经给某些经济领域都判了死刑。例如在过去20多年中，一些专家多次预言制造业已经走进了历史的死胡同。但是，当我创作本书的时候，制造业依然在美国创造了很多高收入的工作，包括查尔斯顿的机器人制造工业和西雅图的飞机制造业。在美国北部平原和东南部，一些规模不大的工厂也在创造新的就业机会。如果考虑到出于节能减排和改善环境的迫切需要而兴起的制造业，那它创造的就业机会就更多了。

曾经有两位商学院的教授问我："基于你的国际经验，你觉得何时是创立一家公司的好时机？你创立一家公司会考虑什么前提条件？"

如果你相信散布恐惧的人所说的话，那么什么时候都不是做事的好时机，你总会发现有被掣肘的时候，总会发现某个商业模型存在着漏洞，发现在其表象之下隐藏着雷区。

但是，如果你相信企业家的创造精神，那么任何时候都称得上是好时机。至于所谓的前提条件，你不妨问几个简单的问题："那里有人吗？那些人吃饭、喝饮料吗？那里有正在开展的经营活动吗？那里有交换货物和服务的手段吗？如果上述条件都具备的话，我们就找到了创业投资的好时机和好场所。"

如果你是个乐观主义者的话，那么你就会知道耐心是会有回报的。在漫长的历史长河中，可口可乐公司曾经未获准进入某些市场，包括阿拉伯国家、中国、印度和古巴。后来除了古巴之外，其他市场我们都被允许进入了，对此我们感到很庆幸。我们相信古巴的大门终将向我们开放，可口可乐公司现在的领导层也期望能够进入这块市场。

如果你想要在公司中达到领导地位，那么你只需要做一个乐观主义者就行了。

这也是为什么我在可口可乐公司的时候一直感到很愉悦。不论是在20世纪30年代的大萧条时期、“二战”时期还是美国最困难的时期，可口可乐一直都代表着生命中的阳光。即便可口可乐没有其他优点，它也一定能给你带来很多喜讯。

正是抱着这种乐观情绪，我的同事和我拉开了1974年的广告序幕，那一年坏事接踵而来。

那真是一个多事之秋！尼克松总统被控参与了臭名昭著的“水门事件”，不光彩地离开了白宫；中东石油生产国开始对美国进行石油禁运，整个美国都出现了石油短缺；爱尔兰共和军在贝尔法斯特和伦敦制造了流血恐怖事件，发生地甚至包括哈罗斯百货商场；在美国本土也出现了恐怖主义，一个名叫共生解放军的团体绑架了富家女帕蒂·赫斯特；印度研发出了原子弹；美国仍在苦苦挣扎着想脱离越南战争的泥沼。简言之，1974 年的美国并不走运。

正因为如此，可口可乐公司更需要用乐观的心态来面对明天。公司的营销总监艾克·赫伯特在和我商量之后，让负责我们广告业务的公司想出能提振美国人兴奋度的广告语。当年，那家广告公司的负责人是比尔·贝克，他设计出了一系列让人感到精神为之一振的广告片，这些广告片的主题就是："抬头挺胸，美国！"

这轮广告攻势收效良好，很多民众还特意花时间给我们写来了感谢信。这些广告展示了这一独特品牌的独特作用，可口可乐在一定程度上还能够影响这个民族的心态。知道自己具有这种能力就会让自己更有责任感。也正是因为这种责任感，我们决心在自己的品牌营销中绝对不做任何低品位的广告，我们有责任一直展现自己对未来的信心。

如果你想要在公司中达到领导地位，那么你只需要做一个理性的乐观主义者就行了。

在悲观主义者云集的世界，乐观主义者能够扭转乾坤。

亚里士多德在公元前 4 世纪的名著《论灵魂》中提出人有 5 种感观，即视觉、嗅觉、听觉、味觉和触觉，人们对此也没有异议。不过，我觉得人还有第六感，那就是对别人情绪的体察力。你也不妨把它称作直觉或是敏感。不管它叫什么都不重要，成功者都拥有这种能力，优秀的市场营销者都拥有这种能力，出色的政治家和商业领袖也都拥有这种能力。

他们都能够体会到什么样的情绪占据着主导位置，如果这种情绪是消极的，他们也知道该怎样去扭转它。

自从美西战争结束之后，可口可乐公司在菲律宾的经营一直很顺利，但是20多年前，可口可乐在菲律宾的生意开始严重滑坡。当地的可口可乐业务控制在一家名叫圣米格尔的公司手中，该公司的老板把经营的重点放在了扩大啤酒业务上，因而忽视了软饮料生意。1981年，情形变得非常糟糕，百事可乐在当地的销量达到我们的两倍。

圣米格尔公司的老板最终接受了可口可乐高管约翰·亨特的建议，允许当地可口可乐的灌装业务进行合资经营。

灌装厂的设备没有变，12 000名员工也没有变，改变的只有两点。一个是由约翰·亨特来担任该地区的负责人，他曾在可口可乐日本分公司和太平洋地区分公司工作过；另一个是由内维尔·艾斯戴尔来具体负责灌装厂的经营和12 000名员工的管理。爱尔兰裔的艾斯戴尔之前曾在可口可乐南美公司工作过，后来还在澳大利亚短暂地工作过一段时间。

约翰·亨特和内维尔·艾斯戴尔两人携手改变了菲律宾灌装厂的整个面貌。内维尔·艾斯戴尔给上万名员工注入了新的活力，并且成功实施了既定计划。出于政治原因，菲律宾人的心头都会比别人多一份压力。此外，竞争对手在经营策略和定价方式上都很有攻击性。最重要的问题还不在于此，负责灌装厂运营的内维尔·艾斯戴尔通过了解大量情况发现，员工的信心不足，对未来也持悲观甚至恐惧的心态。尽管公司本身和过去相比并没有什么改变，但是员工的情绪很消极。

内维尔·艾斯戴尔亲自挂帅召开动员会。他经常会下工厂去，亲热地称呼员工的名字，和他们一起拉家常。他还会自己驾乘货车去给客户送货，并同他们交谈。对内维尔·艾斯戴尔身上的这种富有感染力的热情，你很难具体地量化，但是当你切身体会之后就会知道，这就是所谓的领导力。

约翰·亨特和内维尔·艾斯戴尔两人全心全意地扑在了工作上，仅仅用了一年时间便扭转乾坤。可口可乐的销售量超过百事可乐一倍。

内维尔·艾斯戴尔到底给灌装厂的员工下了什么猛药？其实很简单，他就是和员工们同心同德，并让员工们感受到自己比竞争对手更优秀，他也为员工勾画出一幅未来的美丽画卷。他身上的乐观精神就像一缕阳光，让最底层的清洁工和菲律宾马尼拉最高端的客户都能感到如沐春风。

约翰·亨特后来成为可口可乐公司负责全球运营的副总裁，退休之后又成了施格兰公司国际业务主席。

内维尔·艾斯戴尔后来负责可口可乐的欧洲业务，成为公司最大灌装厂的董事长。当我写这本书的时候，他已经成为可口可乐公司的首席执行官了，他身上的那种乐观精神还是那么富有感染力。

悲观主义者总是向我们宣称世界从来都处于混乱之中，而且一直在走下坡路。但是，我们要活下去，心中就要有希望的火种，我们必须对周围的人有信心，我们必须相信自己还有明天，有成家立业、欣赏夕阳和一路向前的希望。

如果你想要失败的话，那么你就对未来战战兢兢吧！如果你想成功的话，那么你就带着乐观的态度和激情走向未来吧！

因为讲到激情，所以在讲完第十诫之后，我想为读者朋友再奉上一诫。

第十一诫

丧失对工作和生活的激情

如果没有激情，世上什么大事都很难做成。

——黑格尔

我父亲曾经说过，美国这个民族的智慧都已经在《独立宣言》中的“生命，自由，以及追求幸福”这句话中体现得淋漓尽致了。这句话的后半句更是让他感兴趣，父亲说老一辈美国人认为，生命不仅仅意味着苦苦挣扎和奋斗，生活中不仅要有面包，还要有玫瑰才行。

爱尔兰裔的父亲这辈子吃尽了苦，因此当他看到老一辈美国人在披荆斩棘之后仍然没有抛下乐观的态度，把“幸福”一词也写进了《独立宣言》，这让父亲感触尤为深刻。

对于美国建国之初的那辈人而言，没人理解什么叫幸福，但是他们都有坚定的信念：一定能过上幸福的生活。

在职场摸爬滚打多年的我对于幸福有自己的体会。

俗话说："告诉我你爱什么，我就可以说出你是怎样的一个人。"爱已经存在很久了，"爱"的英文单词来源于梵文，意思是"欲望"。在商界打拼，幸福在很大程度上源于找到自己喜欢做的事。不管喜欢的是什么，只要有爱好就行，然后你要找到去做的方法。要想取得成功，你就需要心无旁骛地投身事业。

沃伦·巴菲特说过："我每天去上班都是踩着踢踏舞步去的。"我对工作也抱着同样的心态。

有趣的并不是工作本身。有些昏头昏脑的人力资源负责人喜欢谈论团队精神和一路欢歌。真正的工作往往是高强度的，也是时常会让人感到精疲力竭的。把大家拧成一股绳（就像内维尔·艾斯戴尔在菲律宾所做的那样）并不代表要告诉大家玩得开心一点儿，而是要让大家工作得更努力些，因为大家能把工作干得更好。这些员工如果表现得更好，他们自己也会得到更大的满足感。让你踩着踢踏舞步进入办公室的恰恰是繁重的工作本身，因为我们要发挥聪明才智解决这一天将要面对的新难题。

如果你想要失败的话，那么你不论做什么都不用带着激情，走路时也不用脚下生风，只要跟自己说，"已经够好了"、"那不关我的事"、"我才不在意呢"或是"我都快退休了"。

我们都见过这样的人，在每个单位都能见到这样满脸阴沉的人，他们面临不利的现状很大程度上是自作自受，他们整天都在抱怨别人而非给人带来阳光。我们见过很多这样的人，这些人往往都成了失败者。即便他们过得还不错，他们依旧是失败者，因为他们对自己和周围人的期望值都很低。

我见过所有成功的人都酷爱自己的事业，所有优秀的商界或政界领袖、记者、艺术家、教师、医生都热爱自己的工作，他们投入的情感之深，使得他们都根本没有想过要转行干别的工作，他们对于自己所从事的职业甚至都有些偏执。

我知道在这个时代，很多行业的工作都互相交叉，这不免让人觉得激情的概念看似有些老套。一份工作只能干几年，而你接下来又要跳槽，那你去哪里寻找激情呢？

尽管如此，还是有一些理由让你充满激情。

首先，我想要说明的是，我说不出能确保成功的良方，而且我确实没有。不过，在如何培养对于工作的激情方面，我还是能提出一些建议的。我坚信，对工作的热情是可以培养起来的。

莎士比亚说过：“世界是个大舞台。”

在欧文·戈夫曼的名著《日常生活中的自我呈现》中，他指出不论在什么场合下，我们都是表演者，有时候还要在好几个舞台上表演。商店的员工为顾客表演，侍者为用餐者表演，律师为客户、法庭和同事表演，医生为病人和同事表演，公司高管为雇员和老板表演。

为了在不同的舞台上都能表演好，不论观众是谁，我们都要和观众进行情感沟通。在你工作的过程中，你必须在内心营造一种对事业的强烈情感冲动。你要关注自己在剧中的角色，你要了解自己在舞台上正在扮演的角色。

在中学时代，我曾经抱怨不喜欢一门枯燥的课程。我母亲说："基奥，其实并不存在什么枯燥的课程，真正枯燥的是你不愿意去深入探究它的乐趣所在。"

在我的一生中，无论走到哪个国家或是面对什么环境，我都有意识地提醒自己要享受当下，要和参与的其他人进行情感沟通。我学会有意识地不受其他因素的干扰，而是集中注意力倾听正在和我打交道的人说话，试着去发现他的关注点为什么有趣。如果我拥有这种心态，那么用不了几秒钟我就会发现他说得确实有意思。

我也会面对很多艰难的处境，会不想做自己面对的那件事。尽管如此，我还是会再次审视这种局面，并且诚心诚意地告诉自己："做这件事会有什么好处？都说一件事会有利有弊，这件事的益处是什么？我能起到什么作用让益处发挥出来呢？"拥有了这种心态，我往往真能找到一些让人感到振奋的地方，因为我下决心要找到。即便碰到大家最头疼的要解雇某人的工作，我都会尽力想办法帮助被解雇员工找到一份更满意的工作或是一家更适合他的公司。

要想让手头所干的工作得到最好的效果，那么你必须充满热情。在商业领域，如果你想要在内心燃起激情的火花，最简单的方法就是让自己关注 4 个方面：你的顾客、你的品牌、你的员工以及你的梦想。

和顾客进行情感沟通

每天都要提醒自己去思考顾客想从你的公司得到什么，他们的期望值有多大。他们需要的是一种产品，还是一种服务，抑或是帮助、关心、建议或经验？也许前面列举的这些他们都需要，也许不同的顾客有不同的需求。你要尽量多地站在顾客的立场上去替他们着想，因为他们是要为你的服务付费的。我们很容易忽视作为个体的顾客，而是冷冰冰地把他们看作市场集合体或是某个消费群体。

除非是统计的需要，否则世上并没有所谓的消费群体，有的只是活生生的人，他们都有自己鲜活的面孔。去想一想他们的面容，想一想他们每个人，然后努力思考当天该为他们做些什么。

多年来，我的办公室里一直摆放着一张照片，照片中的女性30多岁，一手推着满满的购物车，另一只手还紧紧抱着正在哭泣的三岁大的孩子，这位女性脸上挂着痛苦的表情。这幅照片的下面写着："这就是你要面对的顾客。"

无论是之前在可口可乐食品公司工作，还是后来在可口可乐总部工作，我都愿意去超市或是快餐售卖窗口倾听顾客的评价。广告公司会为我们描述顾客的分类，给我们提供很多有关顾客喜好以及生活方式的数据。但是，我有时就是想听听顾客的声音。我觉得和我们服务的对象之间建立情感联系、对他们投入激情是很有必要的。我觉得真的有必要去关心自己所服务的那位女士、先生或是那个家庭，我希望他们在享用我们产品的同时获得愉悦的体验。

和品牌进行情感沟通

我会爱上自己销售的东西。除了我的太太、孩子、孙子孙女以外，最能唤起我的激情的就是自己所代表的品牌。几十年来，我一直代表着可口可乐这一品牌，现在我代表的是艾伦公司的艾伦品牌。

尽管我自己也并非总会成功，但我想要保护并提升我所代表的品牌。如果这些品牌是一些新兴品牌，我就想为它们增加养料，并为它们提供一个更好的平台。

品牌或品牌名是一个公司所能拥有的最强大武器。如果失去了品牌，那么你整天在做的只不过是搬运货物而已，任何人都可以过来抢走你的一部分生意。但是，有了一个好品牌之后，你就拥有了保护自己企业的盾牌，也拥有了永续发展的源泉。如果你卖的仅仅是面巾纸的话，那么你和别人就没有任何区别了。但是，如果你卖的是舒洁面巾纸的话，那你就有自己的卖点了。

一个强大的品牌是没有任何东西可以替代的，这一点被一次又一次地证明了。2007 年，斯坦福大学的一项研究成果也证明了这一点。研究人员把普通的牛奶、苹果汁和胡萝卜发给受访者，这些食品和饮料用了不同的包装，一种包装是外面裹着普通纸，而另一种包装是外面裹着家喻户晓的麦当劳金黄色包装袋。

你肯定能预见最后的结果了，不管是哪种食品或饮料，大家都愿意去挑选麦当劳包装袋里的东西。在这些受访者看来，似乎连麦当劳包装袋里的胡萝卜都更好吃一些。

品牌是富有魔力的。在那些懂得它的魔力且用热情呵护它的人手中，品牌的魔力会充分释放。一家律师事务所会拥有品牌，一家医院会成为品牌，美国也是一个品牌。如果用爱去呵护，那么品牌就会激发消费者的激情。我认为，品牌也能激发投资者的激情。

如果经营不当，那么就像前文提到的施利茨啤酒一样，不仅这个品牌会失败，甚至整个公司帝国都会分崩离析。

和员工进行情感沟通

很多公司都说过："员工是我们最重要的财富。"

我感到自己很幸运，因为我所在的公司也把这一点当成座右铭。我现在所在的艾伦公司拥有一种独特的文化，赫伯特·艾伦把公司描述成"普通员工的福利天堂，守业人的打拼战场"。在他非常高效的管理文化影响之下，公司的员工得到的薪酬很可观，在公司经营顺利的年份，他们往往还能得到很高的分红。与之相反，公司的管理层日子过得就没这么滋润了，他们会根据自己创造的利润得到相应比例的分红。这种薪酬制度不一定在每个公司都能行得通，但至少艾伦公司的每个人都很喜欢这种做法，这一点通过公司的员工忠诚度就能看出来。艾伦公司的文化是把员工当成最重要的财富，因为员工的的确确是最宝贵的财富。

不过，我们也发现很多公司并不相信这一点，否则它们早就登上《财富》杂志最佳雇主排行榜了，也不会发现自己公司最顶尖的人才会转投他人旗下了。

在本书中，我曾经提到了一个会让员工离开公司的原因，那就是官僚主义把他们压得喘不过气来。

另一个员工可能会离开公司的原因，就是很少有什么东西能激发他们的激情。托尔斯·佩林是一家公司的招聘负责人，他进行了一项调查，结果发现全球有超过35%的员工觉得自己的状态有些无精打采、浑浑噩噩。

对于优秀的员工而言，金钱和权力都是重要的，但更重要的是要给他们机会，能够让他们心中的激情得以燃烧。对于员工最好的激励莫过于让他们接受挑战，从而让他们全身心地投入、全力以赴。

1907年，欧内斯特·沙克尔顿想要征集一支随他去南极洲的探险队。他在《泰晤士报》上刊登了一则广告，上面写着："征集硬汉踏上危险之旅，工资很低，冷得要命，旅途中会长时间被黑暗吞噬，能不能安全回来还不好说，但成功后会一鸣惊人。"当这则广告刊登后的第二天，有超过5 000人在报社门口排起了长长的队伍，希望能够踏上这次危险之旅。

很多人的内心都有去实现某种价值的渴望和激情，即便成功的希望微乎其微他们也并不在意。给他们一块难啃的骨头，他们会给你一个满意的结果。在任何公司里，如果你诚恳地让员工承担起富有挑战性的任务，并表明他们的激情和才智能让困难迎刃而解，那么经验告诉我，一种难以抗拒的兴奋感会像电流一样很快传遍整个公司。

今天的激情会点燃明天的热情，激情是富有感染力的，它会催生更多的新观点和新能量。

和梦想进行情感沟通

梦想并不会因为我们整日祈祷就能实现，但如果你能将梦想内化，并让自己和梦想一起成长，期盼着梦想实现的那一天，那么你就很有可能圆梦。我们都处在神父、古生物学家德日进所描述的“慢慢改变”的状态中。他曾经说过，我们在朝着终极的复杂知觉挺进。如果到达这种状态，那么生命中的各种力量就会融合，我们也会接近完美。我们每个人都很难达到完美的境界，但最重要的是我们为之付出了努力。

也许多年以后，你就不再从事今天的工作了。现在，你不妨想一想你所处的世界将是一番怎样的景象，也不妨想一想在你前行的路上想要看到怎样的一番风景。

很多人经历了人生的起起伏伏，却始终未能领悟这一重要的道理：在生命中有比占有一切更宝贵的东西。在你职业生涯中的每一天，不论你在从事什么工作，都要把手里的工作看成自己将要做的最后一份工作，这样不论你要做什么，你都会把工作干得让人感觉满意到超乎想象。

我在本书中列出了企业管理的十诫，我敢保证，如果你想跳进这十个陷阱，那么你注定会跌得很惨。

但是，第十一诫最为关键，因为要想让美国梦得以延续并发扬光大，那么激情是至关重要的。我一生都心怀这一梦想，它也让我受益匪浅，我希望接下来的几代人都能拥有这一梦想。

乐观主义和激情都是打造领导力和社会进步的关键因素。

如果你就想败走麦城的话，那么你根本无须考虑什么情感因素。但是，如果你想要成功的话，你就需要重视这些因素，从而为自己打造出一片更广阔的天地。

不过，我也要提醒你一句：如果你带着一腔热血和乐观精神，那么有时候你会遭到一些世俗者的非议，这些人往往把自己标榜成“现实主义者”。

“现实一点儿”在有些场合下确实是一个不错的点子，但在接受这种态度之前，你不妨问问自己，“现实一点儿”是不是放弃更高理想的一个常用借口呢？这种更高的理想是不同凡响的，或许周边的人都很难真正理解。

理性的人能够适应世界，非理性的人则努力让世界来适应他。因此，所有的进步都依靠这些非理性的人。

——乔治·萧伯纳

在地球上居住着60多亿人口，尽管地球有很多缺点，但始终是一个美妙的家园。我们的目光不论触及哪里，都会发现值得改进的地方。尽管有些人可能会不同意这种观点，但我始终相信公司是改变全球人类福祉的一个重要工具，我也始终相信能在商业社会中奉献是一种幸运。因为你选择了奉献，也就选择了责任感。在可口可乐公司工作的这些年里，我在世界各地都看到了这样鲜活的例子。

大约1 600年前，圣奥古斯丁曾写下这样一段话:“希望拥有两个漂亮的女儿，她们的名字分别叫作愤怒和勇气。愤怒让世界恢复原来的状态，而勇气让世界达到理想的状态。”

如果你想给自己的子孙创造一个更好的世界，那么你要坚信一个人是能够给世界带来改变的，而改变世界的那个人就有可能是你。

如果你放弃风险、顽固不化、故步自封、不可一世、破坏规矩、无暇思考、完全信赖专家和顾问、崇尚官僚主义、给出模糊的信息且恐惧未来的话，那么你注定要品尝失败的苦果。

当然，我们也要看到光明的一面。如果我们能迅速捕捉信息并及时发现危险信号，那么我们就能让自己在这些陷阱面前化险为夷。我也曾坦言，可口可乐公司包括我在内的高管都曾掉进过上述陷阱，好在我们很快就爬了出来。我想智者和聪明的公司采取的态度都一样，不论发生了什么灾难，他们都不会一蹶不振的。智者和聪明的公司也会摔跤，但是他们会找到解决办法挺直腰板，继续昂首向前。

大家当年都嘲笑圣女贞德，她却依然我行我素，最后名垂青史。

——**格雷西 · 艾伦**[①]

① 格雷西 · 艾伦（1895—1964），美国电影、戏剧女演员。——译者注

致 谢

任何一本书的著成，哪怕是一本字数不多的书，也不是一个人能够全部承担的。在过去的25年间，让我感到幸运的是，有两位助手一直帮我把每次的演讲稿和文字材料都变得清晰流畅。我发现自己要和越来越多的听众进行交流。幸运的是，自1981年以来，约翰·怀特一直担任着我的行政助理，也是我在事业上的好帮手。约翰·怀特驾驭文字的能力极强，且善于断事。这么多年来，他都是我的智囊，也帮我修改、润色了很多稿件。

戴维·布隆奎斯特学富五车，这些年来一直都在帮我把我的想法梳理成简单流畅的文字，在这一过程中他花了很多心血。当我思路混乱的时候，戴维·布隆奎斯特都会帮我理清思绪，并根据听众的不同特点整理成有针对性的演讲稿。

尼尔·奥多德是《爱尔兰裔美国人》杂志和《爱尔兰之声》杂志的创刊人之一，也是这两份杂志的发行人。尼尔·奥多德是人们公认的推进北爱尔兰和平进程中的重要角色，也是我的密友。他拥有记者独到的灵敏嗅觉，发掘出我的很多闪光点，从而促成了这本书和其他出版物的面世。

这本书尽管内容不长，但是如果没有阿德里安·扎克海姆和考特尼·扬两人的坚定支持，也是很难和读者见面的。阿德里安·扎克海姆是组合（Portfolio）出版社的创始人和发行商；考特尼·扬作为这本书英文原版的责任编辑，提出了很多颇有见地的问题，给出的建议对于提高书稿的质量发挥了重要作用。

英国著名诗人阿尔弗雷德·丁尼生在代表作《尤利西斯》中写道，“我在人生路上的相逢者也塑造了我自己”。这一说法用在我身上尤为准确。我在早年受自己母亲维罗妮卡和父亲利奥的影响很大。我的母亲热爱音乐和绘画。在她潜移默化的影响下，我也从小就热爱艺术和文学。我的父亲尽管经历了多次家庭变故，但对于生活依然是满腔热情，实现了事业上的目标，并把诚信当成有意义的人生的首要标尺。

在这些年里，我觉得自己很幸运，能够和很多精英一起合作，包括保罗·加拉格尔（帕克斯顿和加拉格尔公司的创始人）、克拉克·斯旺森和吉尔伯特·斯旺森、查尔斯·邓肯、卢克·史密斯、保罗·奥斯汀、郭思达、赫伯特·艾伦、巴里·迪勒、杰克·韦尔奇以及吉米·威廉斯等人。

可口可乐公司的创始人罗伯特·伍德拉夫把我带入了这个公司大家庭。能和他一起度过一些时光，我感到很荣幸。

我和沃伦·巴菲特第一次碰面是在20世纪60年代，当年我在奥马哈买了一幢房子，刚好在巴菲特家对面。我俩之间这么久的交情已经够写一本书的。能成为巴菲特旗下伯克希尔·哈撒韦公司的董事，是一种殊荣。大家对巴菲特的了解已经很多了，我还有什么鲜为人知的内容可以补充呢？我想说的是，他是一个很适合做挚友的人，也是投资界中的顶级大师。巴菲特是全世界最擅长化繁为简的人。任何复杂的经济理论或是商业难题经过他大脑的加工，就能被言简意赅地解释透彻。巴菲特是每个人心目中的偶像，也是我的偶像。

1993年4月14日，我从可口可乐公司退休。退休的第二天，赫伯特·艾伦就邀请我担任艾伦公司的非执行董事长。实话实说，赫伯特·艾伦是我所见过的最优秀的人。他兼具智慧和魄力，能够宽容待人，对社会面临的挑战也很关切，而且智谋过人。我刚加入艾伦公司的时候，他以为我只会在那里待上一两年，但是14年之后我依然没有离开这家公司。他对我很有吸引力。我的头衔看起来很大，但要承担的工作职责并不多。我人生的很多时间都是在这个家族企业里度过的。能成为赫伯特·艾伦的朋友和商业伙伴，并同他的儿子和出色的团队成员合作，我感到很兴奋。

在人生路上，你可能会偶遇某位对你影响巨大的导师。对我而言，这个人就是圣母大学的名誉校长特德·赫斯伯格神父。特德·赫斯伯格神父身兼数职，既是一位牧师，又是一位教育家，也是一位公务员。他担任过6位总统的顾问，三次担任特别大使，担任圣母大学的校长一职长达35年之久，也担任过哈佛大学监事会主席，《时代周刊》把他称为最受尊敬的美国人之一。他是我和家人非常敬重的良师益友。

最后，我想说的是，能和太太米琪共同走过50多年的岁月是一种幸福。而同6个孩子、他们的爱人和18个孙子共度的很多美好时光，给我们的生活增添了无限的阳光。我的人生真可以说是一段精彩的旅程了……